코딩 첫걸음 시리즈 8

아두이노와
피지컬 컴퓨팅 with
파이썬

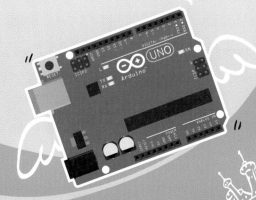

머리말

"세상에 공헌하는 SW 개발자의 첫 걸음! 아두이노로 시작해요!"

SW에 많은 관심이 쏠리는 이유는 SW가 세상을 변화시키고 있다는 기대감과 두려움이 함께하기 때문입니다. SW를 활용하여 더 좋은 세상을 만들고, 생활을 편안하게 해 줄 것이라는 기대감과 기계로 인해 대체되고 있는 많은 직업들로 인해 우리의 일자리가 없어질 것이라는 두려움이 공존하고 있습니다. 하지만 기술의 발달로 인한 두려움은 기술에 대해 알게 되면 곧 사라질 것입니다.

SW를 개발하는 일은 전문 엔지니어들만의 영역이 아닙니다. 누구나 자신의 상상을 표현한 SW 개발을 할 수 있습니다. 우리가 공부할 피지컬 컴퓨팅 또한 서로 다른 역할을 하는 물리적인 다양한 장치들을 보고 만지면서 개인의 생각을 표현하여 만들어갈 수 있는 것입니다. 새로운 도구와 기술을 익히겠다는 마음가짐으로 보이지 않는 원리를 보고, 만지는 즐거움을 느낄 수 있다면, 우리는 무엇이든 만들 수 있습니다.

SW 개발자들은 자신이 만든 다양한 프로그램들에 대해 이기적이지 않습니다. 함께 나누고 공유하고, 보다 좋은 사회를 만들겠다는 책임감, 보다 편안한 것을 만들겠다는 실용주의 그리고 스스로의 개발에 대한 자부심으로 좋은 세상을 만들어가는 데 공헌하고 있습니다. 그리고 이제 당신이 그 SW 개발자의 일원이 될 기회입니다.

단순한 피지컬 컴퓨팅 도구의 체험이나 이론적 학습 활동에서 벗어나 세상을 이롭게 하는 다양한 개발을 실천할 수 있습니다. 세상에 도움이 되고자 하는 당신의 숭고한 마음은 현재까지 한 번도 경험한 적이 없는 문제를 풀어가는 데 기여하게 될 것입니다. 컴퓨팅과 소통을 통해 자신의 꿈을 완성시킬 수 있을 것이며, 다양한 분야의 지식을 습득하고, 타인과 대화하고 공유하여 미래 사회에서 함께하는 문화의 주인공이 될 수 있을 것입니다.

저자 일동

책의 저자

이원규 고려대학교 정보대학 컴퓨터학과 교수

- 제7차 교육과정 중학교 '컴퓨터', 고등학교 '정보와 사회' 대표 저자
- 2007, 2015 개정 교육과정 중학교 '정보', 고등학교 '정보' 대표 저자
- '놀이로 배우는 컴퓨터과학', '레고 마인드스톰', '스퀵이토이로 배우는 프로그래밍', '두리틀로 배우는 프로그래밍' 외 다수의 정보교육 관련 대표 역자
- '정보교육론' '스크래치의 모든 것, 블록부터 게임까지' 외 다수의 정보교육 관련 대표 저자
- '정보교육론' 외 다수의 정보교육 관련 대표 저자

김자미 고려대학교 교육대학원 컴퓨터교육전공 조교수

- 2015 개정 교육과정 중학교 '정보', 고등학교 '정보' 공동 저자
- '놀이로 배우는 컴퓨터과학' '스크래치의 모든 것, 블록부터 게임까지' 외 다수의 정보교육 관련 대표 역자
- '우리가 가꾸는 올바른 정보 문화' 외 다수의 정보문화 관련 연구위원

장윤재 고려대학교 정보창의교육연구소 연구교수

- '놀이로 배우는 컴퓨터과학' 공동 저자, '코딩 플레이그라운드' 공동 역자
- 연구분야 : 정보교육, 피지컬 컴퓨팅 교육, 교육용 프로그래밍 언어

PREVIEW

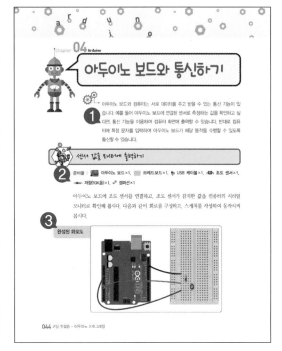

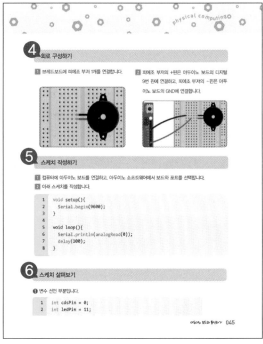

❶ **학습목표** 이 Chapter에서 배울 내용과 직접 따라하며 만들어 볼 예제들을 미리 알아둡니다.

❷ **준비물** 우리가 만들어 볼 회로에 필요한 준비물을 파악합니다.

❸ **완성된 회로도** 회로를 만들기 전에 완성된 회로도를 보고 이어질 학습 내용을 미리 파악합니다.

❹ **회로 구성하기** 단계별로 직접 따라하며 회로를 구성하며 아두이노 보드를 익혀봅니다.

❺ **스케치 작성하기** 단계별로 직접 코드를 작성하며 아두이노 보드를 동작시켜 봅니다.

❻ **스케치 살펴보기** 앞서 작성한 스케치를 자세히 들여다 보며 소스 코드를 이해해 봅니다. 이를 통해 아두이노 동작 원리도 이해할 수 있습니다.

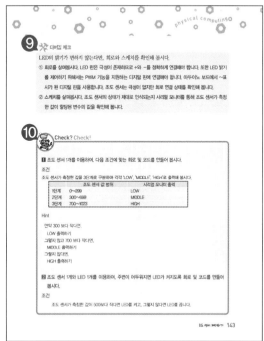

❼ Python Coding 아두이노 프로그램에서 더 나아가 파이썬으로 아두이노를 동작시켜 봅니다. 아두이노 프로그램과 소스 코드와 비교하며 학습해 봅니다.

❽ Tip & Technic 로봇을 통해 아두이노와 관련된 의문점이나 학습에 도움이 될 tip 또는 보충 자료를 얻을 수 있습니다.

❾ 디버깅 체크 아두이노 프로그래밍 중 발생할 수 있는 문제나 오류들을 디버깅 체크를 통해 한 번 더 점검하고 수정합니다.

❿ Check? Check! 배운 내용들을 응용하여 심화 문제를 해결해 봅니다. 이때, 조건과 Hint를 활용하여 문제를 풀어나가 봅니다.

CONTENTS

DOWNLOAD

본 책은 교학사 홈페이지 http://www.kyohak.co.kr에서 각 단원별로 아두이노 소스코드와 파이썬 소스코드를 제공하고 있습니다.

[IT/기술/수험서] 메뉴에 마우스 올리기 ▶ [도서 자료] 클릭 ▶ "아두이노와 피지컬 컴퓨팅"으로 검색 ▶ '아두이노와 피지컬 컴퓨팅 with 파이썬' 게시물을 클릭 ▶ 상단에 첨부파일 클릭하여 다운로드

아두이노 알아보기

 아두이노의 세계에 오신 것을 환영합니다. 이번 장에서는 아두이노가 무엇인지 그리고 아두이노를 이용하여 만드는 시스템인 피지컬 컴퓨팅이 무엇인지를 살펴봅니다. 그 다음으로 아두이노 보드의 종류에 대해 알아보고, 마지막으로 실습에서 활용할 아두이노 우노 보드에 대해 자세히 살펴봅시다.

아두이노와 피지컬 컴퓨팅

아두이노(Arduino)란 손바닥만한 크기의 작은 컴퓨터입니다. 일반적인 컴퓨터로는 문서를 편집하거나, 웹브라우저를 통해 자료를 검색하고, 동영상을 보는 등 다양한 일을 할 수 있습니다. 그러나 아두이노를 이용하면 직접 손으로 만질 수 있는 다양한 물리적 장치를 사용할 수 있습니다. 아두이노를 이용하면 주변의 빛, 소리 등을 감지하여 특정 동작이나 다른 빛, 소리 등으로 출력할 수 있습니다.

아두이노 우노 보드

아두이노 보드 초기 버전

앞서 본 왼쪽 그림은 현재 가장 많이 사용되고 있는 아두이노 우노 보드이고 오른쪽 그림은 아두이노 보드의 초기 버전 모습입니다. 아두이노는 2005년 이탈리아에 있는 대학 연구팀에서 대학생들을 위한 도구로 개발되었습니다. 아두이노는 다양한 부품과의 호환성이 좋고, 쉽고 빠르게 피지컬 컴퓨팅 장치를 만들 수 있어서 초보자뿐만 아니라 전문 개발자들에게도 활용되고 있습니다. 또한 오픈 소스를 지향하고 있어, 다양한 변형 보드들이 존재하고 미리 작성된 라이브러리들이 인터넷 웹 상에서 활발히 공유되고 있습니다.

아두이노는 오픈 소스 컴퓨팅 플랫폼(보드)과 통합 개발 환경(Integrated Development Environment, IDE)인 소프트웨어 개발 환경을 말합니다. 이 책에서는 보드와 소프트웨어 개발 환경을 구분하기 위해 아두이노 보드, 아두이노 소프트웨어로 구분하여 사용합니다.

아두이노는 물리적인 세계를 감지하여 제어할 수 있는 소형 컴퓨터로, 정확하게는 마이크로컨트롤러입니다. 아두이노를 이용하여 만든 컴퓨팅 시스템을 피지컬 컴퓨팅(Physical Computing)이라고 합니다. 피지컬 컴퓨팅이란 디지털 기술 및 장치를 이용하여 물리적인 방식으로 정보를 입력 받아 처리한 결과를 물리적인 방식으로 출력

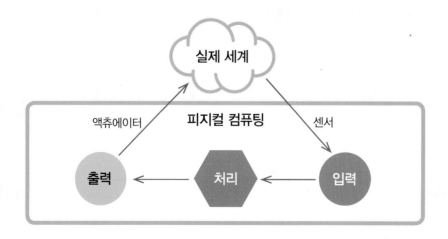

하는 시스템을 말합니다. 즉 "물리적인 실제 세계와 컴퓨터의 가상 세계가 서로 대화할 수 있도록 하는 것" 이라고 정의할 수 있습니다.

피지컬 컴퓨팅에서 센서(sensor)는 실제 세계의 다양한 정보를 감지하거나 입력 받습니다. 입력된 정보는 주로 숫자 형태로 저장되어 미리 정해진 과정에 따라 처리됩니다. 과정에 따라 처리된 결과는 액츄에이터(actuator)를 통해 실제 세계로 출력됩니다.

센서는 실제 세계의 다양한 정보를 감지하거나 입력 받을 수 있는 부품 또는 장치를 의미합니다. 빛 센서(주변 빛의 양을 감지하는 센서), 소리 센서(주변의 소리를 감지하는 센서), 초음파 센서(초음파를 발사하여 돌아오는 시간을 이용하여 거리를 감지할 수 있는 센서) 등 다양한 종류의 센서가 있습니다. 액츄에이터는 물리적으로 동작하는 부품 또는 장치를 의미합니다. 액츄에이터로는 LED(빛을 내는 부품), 부저(소리를 내는 부품), 모터(회전력을 이용하는 부품) 등이 있습니다.

센서가 입력 받은 데이터를 액츄에이터의 출력 형태로 변환하도록 처리하는 것이 바로 아두이노 보드입니다.

아두이노의 종류

아두이노 보드는 다양한 모델이 개발되어 있습니다. 아두이노 사이트에서는 다양한 아두이노 보드 모델을 소개하고 있습니다. 처음 사용하는 사람들을 위한 기초 레벨 (entry level)부터 확장형(enhanced features), 사물인터넷용(internet of things), 교육용(education), 웨어러블용(wearable), 3D 프린팅용(3D Printing)까지 사용 목적에 따라 아두이노 제품을 선택할 수 있습니다.

기초 레벨의 아두이노 보드로는 가장 대표적인 우노(uno) 모델을 비롯하여 우노 모델보다 디지털 핀과 아날로그 핀 수가 더 많고 시리얼 통신이 편리한 레오나르도 (leonardo) 모델, 블루투스와 6축 가속도 센서, 자이로스코프 센서를 내장한 101 모델, 기초 레벨의 아두이노 보드의 크기를 줄인 나노(nano) 모델 등이 있습니다.

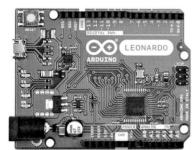
아두이노 레오나르도

아두이노 101

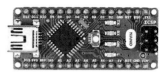
아두이노 나노

확장용 아두이노 보드로 54개의 디지털 입출력 핀과 16개의 아날로그 입력 핀을 제공하는 아두이노 메가 모델과 이더넷과 와이파이가 내장되어 IoT 프로젝트를 수행할 수 있는 아두이노 윤 모델이 있습니다. 또한 전도성 실을 이용하여 웨어러블 컴퓨팅 프로젝트를 수행할 수 있는 릴리패드도 있습니다.

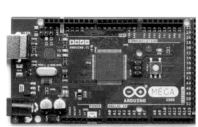
아두이노 메가

아두이노 윤

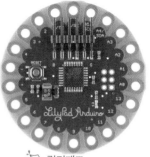
릴리패드

이제 아두이노 우노 보드에 대해 살펴봅시다. 아두이노 우노 보드는 다양한 아두이노 보드 중에서 가장 기본이 되는 모델입니다. 앞서 언급했듯이 기초 레벨 아두이노 보드로 아두이노를 배우기 시작하는 초보자들이 사용하기에 적합합니다.

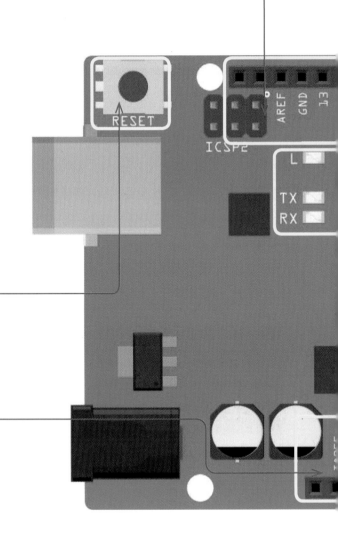

디지털(DIGITAL) 영역에는 0번부터 13번까지 14개의 디지털 입출력 핀이 있습니다. 디지털 0번 과 1번 핀은 다른 컴퓨팅 장치와의 통신(RX, TX)을 위해 사용되며, 주로 2번부터 13번까지의 디지털 핀을 사용합니다. 디지털 핀을 출력 핀으로 사용할 경우 0V(LOW) 또는 5V(HIGH)의 전압을 출력할 수 있습니다. 디지털 핀 옆에 ∼ 표시가 있는 핀은 PWM(Pulse Width Modulation, 펄스 폭 변조) 기능을 지원합니다. 펄스 폭 변조 방법은 0V 상태와 5V 상태의 지속 시간을 조절하여 마치 아날로그 신호처럼 사용할 수 있는 기능입니다. 아두이노 우노 보드에서는 0부터 255까지 256단계로 구분할 수 있습니다.

초기화(RESET) 버튼이 있으며, 이 버튼을 누르면 아두이노 보드를 초기화할 수 있습니다. 스케치 업로드 후 제대로 동작하지 않을 때 사용합니다.

파워(POWER) 영역에는 전원을 공급해주는 5V와 3.3V 핀이 있고 −극인 GND 핀이 2개 있습니다. Vin 은 외부 전원을 공급받을 때 사용합니다.

아두이노(Arduino)와 제누이노(Genuino)는 다른 건가요?

아두이노 사이트에 보면 아두이노/제누이노(arduino/genuino)로 표시되어 있습니다. 아두이노와 제누이노는 동일한 아두이노입니다. 2015년에 상표권 분쟁으로 미국 내에서는 아두이노로, 미국 밖에서는 제누이노로 명칭을 사용되고 있습니다. 하지만 '아두이노'가 널리 사용되고 있습니다.

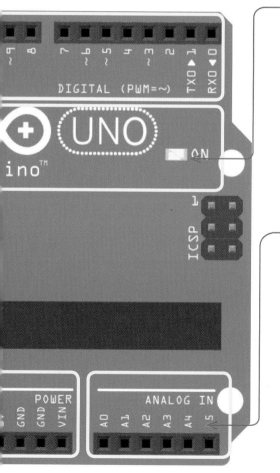

● 전원(ON) LED와 RX, TX LED가 내장되어 있습니다. 전원 LED는 아두이노 보드에 전원이 공급될 때 켜지고 RX, TX LED는 아두이노와 컴퓨터가 통신할 때 켜집니다. 또한 디지털 13번 핀 옆에 L로 표시된 LED가 내장되어 있는데, 이는 디지털 13번 핀에 연결되어 있습니다.

● 아날로그 인(ANALOG IN) 영역에는 0번부터 5번까지 6개의 아날로그 입력 핀이 있습니다. 아날로그 입력 핀은 0부터 1023까지 1024단계로 구분하여 입력 받을 수 있습니다.

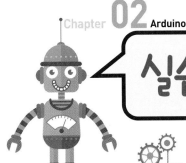

실습 환경 준비하기

아두이노로 프로젝트를 수행하기 전에 전자 회로와 전자 부품에 대해 알아야 합니다. 뿐만 아니라 아두이노 프로그램 코드를 작성할 줄도 알아야 합니다. 무엇부터 어떻게 배워할지 걱정하지 마세요! 간단한 프로젝트를 따라서 만들어 보면서 시작해 봅시다. 전문가들도 여러분처럼 처음에는 다른 사람이 만든 프로젝트를 따라 해보면서 시작했습니다.

아두이노 보드 준비하기

앞서 보았듯이 아두이노 보드는 다양한 모델이 존재합니다. 또한 아두이노는 오픈 소스 하드웨어라 회로도가 공개되어 있어서 다양한 아두이노 호환 보드가 존재합니다.

아두이노를 이용하여 프로젝트를 만들기 위해서는 아두이노 보드뿐만 아니라 다양한 전자 부품이 필요합니다. 아두이노를 처음 배우는 사람들을 위한 아두이노 스타터 키트가 있습니다. 아두이노 스타터 키트는 아두이노 보드를 비롯하여 브레드보드, 다양한 센서, 저항, 점퍼선 등 기본적인 예제를 만들어 볼 수 있는 부품들로 구성되어 있습니다. 스타터 키트 외에도 웨어러블 키트, 드론 키트, IoT 키트 등 다양한 종류

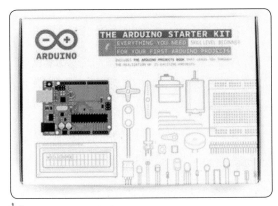

아두이노 스타터 키트

의 실습용 키트도 판매되고 있습니다.

이 책의 아두이노 프로젝트는 아두이노 공식 사이트에서 판매하고 있는 아두이노 스타터 키트를 사용하여 수행할 수 있습니다. 반드시 아두이노 스타터 키트를 구매해야 하는 것은 아니며 실습에 필요한 아두이노 보드와 전자 부품을 개별적으로 구매할 수도 있습니다.

아두이노 스타터 키트에는 다음과 같은 부품들이 포함되어 있습니다. (2018년 5월 현재 부품 리스트입니다. 향후 변경될 수 있습니다.)

아두이노/제누이노 우노 보드 1개	빛 센서 6개
USB 케이블 1개	가변 저항(10k옴) 3개
브레드보드 1개	푸쉬 버튼 10개
점퍼선 72개	온도 센서(TMP36) 1개
M핀 스트랩 (40핀) 1개	기울기 센서 1개
9V 건전지 스냅 1개	액정 디스플레이(LCD) 1개
모터 드라이버(L293D) 1개	RGB LED 1개
옵토커플러(4N35) 1개	DC 모터 1개
모스펫 트랜지스터(IRF520) 2개	서보모터 1개
캐패시터(100uF) 5개	피에조 1개
다이오드(1n4007) 5개	
LED(밝은백색 1개, 빨강 8개, 초록 8개, 노랑 8개, 파랑 3개)	
저항(220옴 20개, 560옴 5개, 1k옴 5개, 4.7k옴 5개, 10k옴 20개, 1M옴 5개, 10M옴 5개)	
프로젝트 매뉴얼 1개	
나무 받침대 1개	
투명 색지(빨강, 초록, 파랑 각 1개)	

아두이노는 어디서 구입할 수 있나요?

아두이노 공식 사이트(arduino.cc)에서 보드나 키트를 구입할 수 있습니다. 하지만 해외 배송이기 때문에 시간과 비용이 많이 듭니다. 국내 쇼핑몰에서도 판매하고 있습니다. 대표적으로 아트로봇, 엘레파츠, 디바이스마트 등이 있습니다. 이외에도 인터넷에서 검색하면 다양한 온오프라인 판매처가 있습니다.

- 아트로봇 : http://artrobot.co.kr/
- 엘레파츠 : http://www.eleparts.co.kr/
- 디바이스마트 : http://www.devicemart.co.kr/

 어떤 아두이노를 구입해야 하나요?

앞서 언급했듯이 다양한 아두이노 호환 보드가 있습니다. 아두이노 정품 보드나 좀 더 저렴한 호환 보드를 구매할 수 있습니다. 뿐만 아니라 국내 기업에서 만든 오렌지 보드를 구매하여 사용할 수 있습니다. 하지만 초보자에게는 보드와 부품을 선택하여 구매하는 것을 어렵게 느껴질 것입니다. 따라서 이 책에서는 아두이노 스타터 키트를 사용합니다. 아두이노 스타터 키트에는 다양한 실습을 위한 보드와 전자 부품이 포함되어 있습니다. 스타터 키트에는 아두이노 우노 버전 3이 포함되어 있습니다.

아두이노 소프트웨어 설치하기

아두이노 공식 사이트에서 제공하는 아두이노 소프트웨어를 설치해 봅시다. 아두이노 소프트웨어는 통합 개발 환경이며 해당 프로그램을 설치하면 내 컴퓨터에서 아두이노를 제어하는 스케치를 작성할 수 있습니다.

1 아두이노 공식 사이트(https://www.arduino.cc/)에 접속합니다.

2 Software 페이지(https://www.arduino.cc/en/Main/Software)로 이동합니다.

3 Download the Arduino IDE에서 운영 체제에 맞는 설치 프로그램을 다운로드 받습니다.

Windows 운영 체제인 경우 다음과 같은 과정으로 설치합니다.

1 Windows 운영 체제인 경우, 설치형(Windows Installer), 비설치형 (ZIP file for non admin install), 마이크로소프트 스토어 버전(Get) 중 하나를 선택하여 설치할 수 있습니다.

2 설치형(Windows Installer) 버전을 선택합니다. 그림과 같이 'just DOWNLOAD'를 클릭하여 파일을 다운로드 받을 수 있습니다. (※ 오른쪽 버튼을 클릭하여 일정 금액을 기부하고 다운로드 받을 수도 있습니다.)

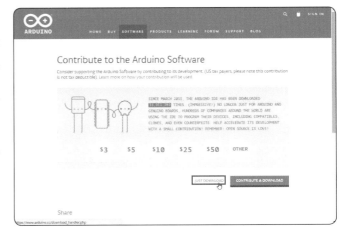

3 다운로드 받은 설치 파일을 실행합니다.

arduino-1.8.3-wi ndows.exe

4 아두이노 소프트웨어의 라이센스를 확인
한 후, 동의(I Agree) 버튼을 클릭합니다.

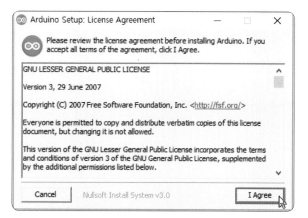

5 설치 옵션을 확인합니다. 모든 항목이 체
크되어있는지 확인한 후, 다음(Next) 버튼
을 클릭합니다.

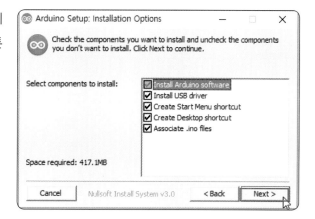

6 설치 폴더를 확인합니다. 기본 설치 폴더
경로는 C: 드라이브 내의 프로그램 폴더에
저장됩니다. 확인 후 설치(Install) 버튼을
클릭합니다.

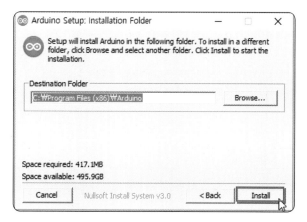

7 다음과 같이 아두이노 소프트웨어가 설치됩니다.

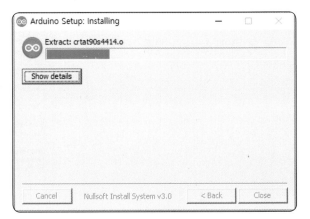

8 장치 소프트웨어를 설치합니다. 아두이노 소프트웨어 1.8.3 버전에서는 3개의 장치를 설치합니다.

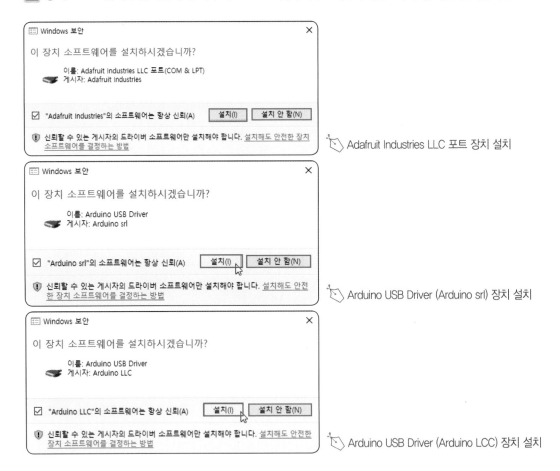

Adafruit Industries LLC 포트 장치 설치

Arduino USB Driver (Arduino srl) 장치 설치

Arduino USB Driver (Arduino LCC) 장치 설치

9 설치가 완료되었습니다. 닫기(Close) 버튼
을 클릭합니다.

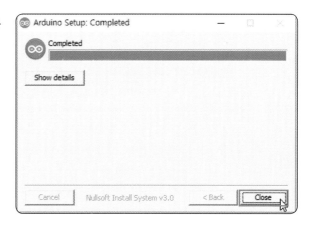

10 아두이노 소프트웨어를 실행해 봅시다. 정
상적으로 설치되었다면 다음과 같이 시작
화면이 나오면서 소프트웨어가 실행됩니
다.

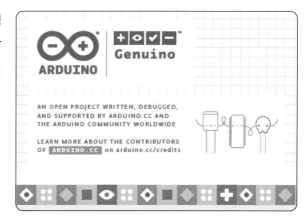

 아두이노 소프트웨어가 실행되지 않아요!

아두이노 소프트웨어가 실행되지 않은 경우에는 소프트웨어 삭제 후, 다시 설치해 봅니다.
Windows의 시스템 설정에서 프로그램 추가/제거를 실행한 후 아두이노 소프트웨어를 삭제할 수 있
습니다. 또는 이미 설치된 소프트웨어가 있을 경우에도 삭제 후 설치를 진행합니다.

 아두이노 소프트웨어

다른 운영 체제에서도 아두이노 소프트웨어를 설치할 수 있나요?

Mac OS X 운영 체제에서도 Windows와 마찬가지로 진행하면 됩니다.

Linux 운영 체제 또한 리눅스 32비트와 64비트, 그리고 ARM 계열 모두 다운로드 하여 설치할 수 있습니다. 자세한 설치 방법은 https://www.arduino.cc/en/guide/linux를 참고하기 바랍니다.

Python Coding

만약 파이썬(Python)으로 아두이노를 제어하는 프로그램을 만들고 싶다면 어떻게 해야 할까요?

아두이노를 제어할 수 있는 라이브러리를 설치하면 파이썬으로 코드를 작성할 수 있습니다. 파이썬 및 아두이노 제어 라이브러리 설치 방법을 살펴봅시다.

1. 파이썬 설치하기

❶ 파이썬 공식 사이트(https://www.python.org/)에 접속합니다.

❷ Downloads 메뉴에서 Download Python 2.7.x를 클릭합니다. (2017년 8월 현재 Python 2.7.13 버전에 공개되어 있습니다. 버전 번호는 변경될 수 있으나, 이 책에서는 Python 2.7.x 버전을 사용합니다.)

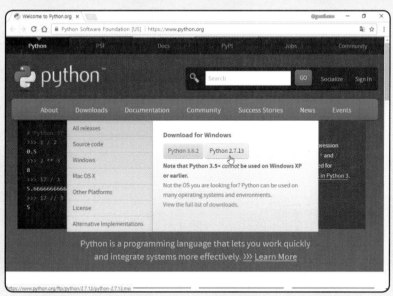

🖎 파이썬 다운로드 페이지

Python Coding

❸ 다운로드 받은 파이썬 설치 파일을 실행하여 파이썬을 설치합니다. 설치 중간에
패스(path) 설정을 체크합니다.

python-2.7.13.m
si

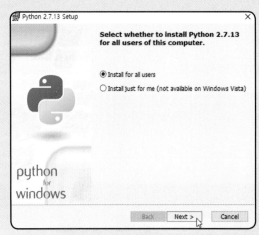

✎ 파이썬 설치 ① 사용자 설정

✎ 파이썬 설치 ② 경로 지정

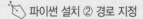

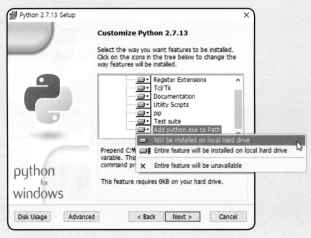

✎ 파이썬 설치 ③ path 설정

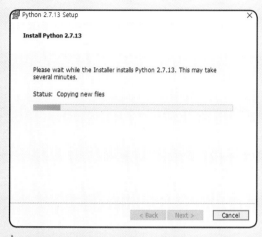

파이썬 설치 ④ 파일 설치 중

파이썬 설치 ⑤ 완료

❹ 파이썬을 실행하여 정상적으로 설치되었는지 확인합니다. 명령 프롬프트에서 파이썬을 실행합니다. 파이썬이 실행되는지를 확인한 후, quit()를 입력하여 종료합니다.

파이썬 실행

파이썬 종료

Python Coding

명령 프롬프트 창에서 파이썬이 실행되지 않는다면, Windows 환경 변수에 파이썬이 설치된 경로가 등록되어 있는지를 확인해야 합니다. 환경변수 설정 방법은 다음과 같습니다.

❶ 제어판에서 시스템 및 보안 〉 시스템 〉 고급 시스템 설정 〉 고급 탭에서 환경 변수 클릭합니다.
❷ 시스템 변수의 Path 값에 파이썬이 설치된 경로(일반적으로는 C:₩Python27)를 추가합니다.

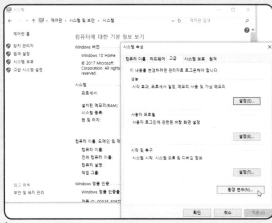

환경변수 설정 ①

환경변수 설정 ②

2. 파이썬 라이브러리 설치하기

아두이노 제어 프로그램을 작성할 수 있는 라이브러리는 여러 가지가 있습니다. 그 중에서 가장 아두이노 스케치와 유사한 형태인 Python-Arduino-Command-API 라이브러리를 사용해 봅시다.

❶ 먼저 명령 프롬프트를 실행합니다.

❷ pip 명령어를 이용하여 arduino-python을 다운로드 및 설치합니다.

(※ arduino-python 설치 시 자동으로 pyserial 라이브러리도 설치됩니다.)

```
> pip install arduino-python
```

```
▩ 명령 프롬프트                                            —    □    ×
Microsoft Windows [Version 10.0.15063]
(c) 2017 Microsoft Corporation. All rights reserved.

C:\Users\jangg>python
Python 2.7.13 (v2.7.13:a06454b1afa1, Dec 17 2016, 20:42:59) [MSC v.1500 32 bit (Intel)] on win32
Type "help", "copyright", "credits" or "license" for more information.
>>> quit()

C:\Users\jangg>pip install arduino-python
Collecting arduino-python
  Downloading arduino-python-0.2.tar.gz
Collecting pyserial>=2.6 (from arduino-python)
  Downloading pyserial-3.4-py2.py3-none-any.whl (193kB)
    100% |################################| 194kB 1.3MB/s
Installing collected packages: pyserial, arduino-python
  Running setup.py install for arduino-python ... done
Successfully installed arduino-python-0.2 pyserial-3.4

C:\Users\jangg>_
```

✎ 파이썬 라이브러리 설치

아두이노 웹 사이트에 있는 Arduino and Python 페이지(https://playground.arduino.cc/
Interfacing/Python)에서는 파이썬으로 아두이노 제어용 프로그램 코드를 작성할 수 있는
방법을 안내하고 있습니다.

LED 1개 제어하기

우리는 아두이노 보드를 준비하고 아두이노 소프트웨어도 설치했습니다. 본격적으로 아두이노 프로젝트를 만들어 봅시다. 첫 번째 프로젝트는 LED 1개를 깜박이게 하는 프로젝트입니다. 아두이노에 내장된 LED 1개를 1초 간격으로 켰다가 꺼지도록 코드를 작성합니다.

아두이노에 내장된 LED 깜박이기

준비물 : 아두이노 보드×1, USB 케이블×1

이번 예제는 별다른 회로 구성 없이 아두이노 보드만 있으면 됩니다. 아두이노 우노 보드에는 디지털 13번 핀과 연결된 LED 1개가 내장되어 있습니다. LED 옆에 L이라고 표시되어 있습니다. 이번 예제를 통해 이 LED를 제어해 봅시다

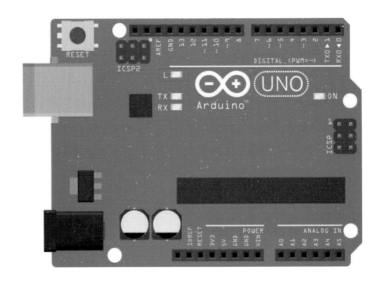

아두이노 보드 연결하기

1 아두이노 보드와 컴퓨터를 USB 케이블로 연결합니다.

2 아두이노 소프트웨어를 실행합니다.

3 아두이노 소프트웨어의 상단 메뉴에서 툴 (Tools)을 선택하고, 보드(Board)를 선택하여 아두이노/제누이노 우노(Arduino/Genuino Uno)를 선택합니다.

4 툴(Tools) 메뉴에서 포트(Port)를 선택하고 아두이노 보드가 연결된 포트를 선택합니다. 시리얼 포트 목록에 아두이노 우노 보드가 연결된 포트 번호를 표시해 줍니다.

만약 아두이노 보드를 동작시킬 때 문제가 발생한다면, 가장 먼저 보드와 포트가 제대로 설정되었는지 확인합니다.

Windows 환경에서 포트 연결은 어떻게 확인할까요?

컴퓨터가 외부 장치와 서로 통신하기 위해서는 컴퓨터의 포트를 이용합니다. Windows에서 사용하는 표준 포트로 COM 또는 LPT 포트가 있습니다. 아두이노 보드는 COM 포트를 사용합니다. 아두이노 보드를 컴퓨터에 연결한 후 제어판 > 장치 관리자 > 포트를 선택하면, 아두이노 보드가 연결된 COM 포트가 표시됩니다. 여기에서 아두이노에 연결된 포트 번호를 확인합니다.

아두이노 코드 작성하기

1 아두이노 소프트웨어에서 해당 코드를 바로 불러올 수 있습니다. 파일 메뉴에서 예제를 선택한 뒤, 내장 예제에서 01.Basics 〉 Blink를 선택합니다.

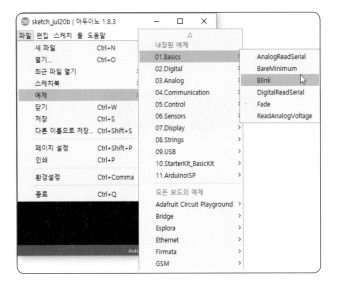

2 혹시 오타가 있는지 확인합니다. 상단의 툴바에서 체크(V) 버튼을 클릭합니다.

3 이 코드를 아두이노 보드에 업로드합니다. 상단의 툴바에서 화살표(→) 버튼을 클릭합니다.

4 정상적으로 업로드가 되면 아두이노 보드에 내장된 LED가 1초 간격으로 깜박입니다.

 아두이노 보드가 동작하지 않아요!

컴퓨터에 아두이노를 연결하고, 프로그램을 업로드 했는데 동작을 하지 않는다면 어떻게 해야 할까요?

먼저, 아두이노와 컴퓨터 USB 케이블로 잘 연결되어 있는지 확인해 보세요. 아두이노 보드에 초록 색 불이 들어와 있다면 정상입니다. 그리고 프로그램이 아두이노 보드로 전송될 때는 주황색 불이 깜박입니다. 아두이노 소프트웨어에서 툴 메뉴에 보드와 포트를 제대로 선택했는지 확인해 보세 요. 그래도 동작하지 않는다면, 아두이노 보드의 문제일 수 있습니다. 아두이노 보드를 바꿔서 동 작시켜 보세요.

Blink 프로그램 살펴보기

이제 스케치를 자세히 살펴봅시다.

```
1   /*
2     Blink
3     Turns on an LED on for one second, then off for one
4   second, repeatedly.
5
6     Most Arduinos have an on-board LED you can control. On
7   the UNO, MEGA and ZERO it is attached to digital pin 13,
8   on MKR1000 on pin 6. LED_BUILTIN is set to the correct
9   LED pin independent of which board is used. If you want
10  to know what pin the on-board LED is connected to on your
11  Arduino model, check the Technical Specs of your board  at
12  https://www.arduino.cc/en/Main/Products
13
14    This example code is in the public domain.
15
16    modified 8 May 2014
17    by Scott Fitzgerald
18
19    modified 2 Sep 2016
20    by Arturo Guadalupi
21
22    modified 8 Sep 2016
23    by Colby Newman
24  */
25
26  // the setup function runs once when you press reset or power
27  the board
28  void setup() {
29    // initialize digital pin LED_BUILTIN as an output.
30    pinMode(LED_BUILTIN, OUTPUT);
31  }
32
```

```
33    // the loop function runs over and over again forever
34    void loop() {
35      // turn the LED on (HIGH is the voltage level)
36      digitalWrite(LED_BUILTIN, HIGH);
37      // wait for a second
38      delay(1000);
39      // turn the LED off by making the voltage LOW
40      digitalWrite(LED_BUILTIN, LOW);
41      // wait for a second
42      delay(1000);
43    }
```

코드가 매우 길어 보이지만, 대부분은 이 코드를 설명하는 주석으로 이루어져 있습니다. 코드에서 알 수 있듯이 주석은 // 로 표시된 줄 또는 /*부터 */ 까지 범위를 지정해서 사용합니다.

코드를 쉽게 이해할 수 있도록 주석을 제거한 스케치는 다음과 같습니다.

```
1     void setup() {
2       pinMode(LED_BUILTIN, OUTPUT);
3     }
4
5     void loop() {
6       digitalWrite(LED_BUILTIN, HIGH);
7       delay(1000);
8       digitalWrite(LED_BUILTIN, LOW);
9       delay(1000);
10    }
```

이 스케치의 기본 구조는 setup( ) 함수와 loop( ) 함수로 구성됩니다. 함수의 범위는 중괄호인 { 부터 } 까지 입니다. setup( ) 함수의 범위는 위 코드에서 1번 줄부터 3번 줄 까지입니다. loop( ) 함수의 범위는 5번 줄부터 10번 줄까지입니다.

❶ setup()은 각종 설정을 하는 함수이며 프로그램이 한 번만 실행됩니다.

```
1    void setup() {
2      pinMode(LED_BUILTIN, OUTPUT);
3    }
```

2번 줄에 pinMode(LED_BUILTIN, OUTPUT) 코드가 있습니다. pinMode(LED_BUILTIN, OUTPUT) 코드는 디지털 13번 핀을 출력 핀으로 설정하는 명령어입니다. 이 명령어가 실행되면, 아두이노 보드는 디지털 13번에 전기를 주거나 전기를 주지 않을 수 있습니다.

❷ loop()는 프로그램을 반복적으로 실행하는 함수입니다.

```
5    void loop() {
6      digitalWrite(LED_BUILTIN, HIGH);
7      delay(1000);
8      digitalWrite(LED_BUILTIN, LOW);
9      delay(1000);
10   }
```

6번 줄부터 9번 줄까지 순서대로 실행된 뒤, 다시 6번 줄의 코드가 실행되고, 이 동작은 보드의 전원을 끌 때까지 반복됩니다. 6번 줄의 digitalWrite(LED_BUILTIN,

 함수가 무엇인가요?

함수(function)란 특정한 작업을 수행하는 명령어들의 모임입니다. 예를 들어 '계산기'라는 프로그램에서 덧셈 함수, 뺄셈 함수가 있다면 덧셈 함수는 덧셈 작업을 수행하는 명령어들이 모여 있고, 뺄셈 함수는 뺄셈 작업을 수행하는 명령어들이 모여 있습니다. 함수는 특정한 작업을 수행하기 위해 하나 이상의 데이터를 사용할 수 있고, 작업 수행의 결과를 돌려줄 수 있습니다.

HIGH) 코드는 디지털 13번 핀에 전기를 공급(HIGH) 하라는 명령어입니다. 7번 줄의 delay(1000) 코드는 1,000 밀리세컨드, 즉 1초 동안 아무것도 하지 않고 대기하는 명령어입니다. 8번 줄의 digitalWrite(LED_BUILTIN, LOW) 코드는 디지털 13번 핀에 전기 공급을 해제(LOW) 하라는 명령어입니다. 9번 줄의 delay(1000) 코드는 1초 동안 대기하는 명령어입니다. loop( ) 함수에 포함된 코드를 통해 디지털 13번 핀에 전기를 공급하고, 1초 기다리고, 다시 전기를 공급하지 않고, 1초 기다리고, 다시 전기를 공급하는 것을 반복합니다. 즉, 전기 공급에 따라 디지털 13번에 연결된 LED가 1초 동안 켜지고, 1초 동안 꺼지는 것을 반복하여 깜박이게 됩니다.

스케치는 컴파일을 하여 아두이노 보드로 업로드합니다. 컴파일(compile)이란, 사람이 작성한 프로그램을 컴퓨터가 이해할 수 있는 코드로 변환하는 것을 의미합니다. 스케치를 작성한 후, 아두이노 프로그램의 툴바에서 체크(V) 버튼을 클릭하면 컴파일이 됩니다. 컴파일 결과, 이상이 없다면 상태창에 "컴파일 완료"라고 표시됩니다. 다시 아두이노 프로그램의 툴바에서 업로드(→) 버튼을 클릭하면 컴파일 후, 컴파일된 파일을 아두이노 보드에 업로드합니다. 업로드가 완료되면, 상태창에 "업로드 완료"라고 표시됩니다.

 새로운 함수 정의하기

스케치에 setup( ), loop( ) 함수 이외에 사용자가 직접 함수를 정의해서 사용할 수 있습니다. 내장 LED를 깜박이는 코드를 blink1( ) 라는 함수로 정의하여 사용해 봅시다.

```
1  void setup() {
2    pinMode(LED_BUILTIN, OUTPUT);
3  }
4
```

```
5    void loop() {
6      blink1();
7    }
8
9    void blink1() {
10     digitalWrite(LED_BUILTIN, HIGH);
11     delay(1000);
12     digitalWrite(LED_BUILTIN, LOW);
13     delay(1000);
14   }
```

6번 줄과 같이 loop( ) 함수에서 blink1( ) 함수를 호출합니다. 호출된 blink1( ) 함수
는 10번 줄부터 13번 줄까지 정의되어 있습니다. 앞선 예제의 코드의 동작 순서와 새
로운 함수를 정의해서 사용한 코드의 동작 순서를 비교해 봅시다.

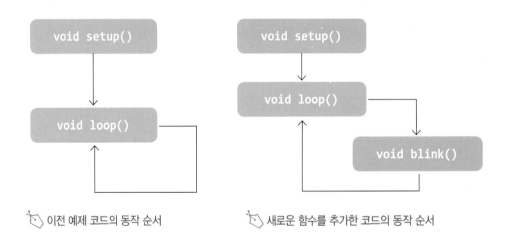

🏷️ 이전 예제 코드의 동작 순서　　　　　🏷️ 새로운 함수를 추가한 코드의 동작 순서

함수를 이용하면, 기본 함수(loop)에서 특정 동작을 수행하는 명령어들을 모아서 별
도의 함수로 만들 수 있습니다. 또한 새로 정의한 함수를 필요할 때마다 호출하여 실
행할 수 있습니다. 이를 모듈화라고 합니다.

정의한 blink1( ) 함수를 좀 더 개선해 봅시다. 기존의 blink1( ) 함수는 반드시 디지
털 13번 핀에 연결된 LED만 동작시킵니다. 이와 다르게 디지털 핀 번호를 입력 받아

서 실행할 수 있는 blink2( ) 함수를 다음과 같이 정의해 봅시다.

```
1    void setup() {
2      pinMode(13, OUTPUT);
3    }
4
5    void loop() {
6      blink2(13);
7    }
8
9    void blink2(int pin) {
10     digitalWrite(pin, HIGH);
11     delay(1000);
12     digitalWrite(pin, LOW);
13     delay(1000);
14   }
```

2번 줄에서 pinMode에 디지털 13번 핀을 출력(OUTPUT)으로 설정합니다. blink2( ) 함수는 숫자를 하나 입력 받을 수 있습니다. 이 숫자는 pin이라는 변수에 저장되어 blink2( ) 함수 내에서 사용됩니다.

 Check? Check!

■ blink3( ) 함수를 정의해 봅시다. blink3( ) 함수는 해당 디지털 핀에 연결된 LED를 지정한 밀리초만큼 깜박입니다. blink3( )함수는 정수형(int)인 pin과 ms값을 입력 받습니다. 이러한 blink3( ) 함수를 이용하여 13번에 연결된 LED를 0.5초 간격으로 깜박이는 코드를 작성해 봅시다.

② blink2( ) 함수와 blink3( ) 함수의 목적은 원하는 디지털 핀 번호로 변경할 수 있도록 직접 디지털 핀 번호를 blink2( ) 함수와 blink3( ) 함수에 전달하는 것입니다. 만약 회로를 수정하여 LED를 디지털 12번 핀에 연결한다면 스케치는 원하는 대로 작동할까요?

Python Coding

파이썬으로 blink 코드를 작성하여 동작시켜 봅시다.

아두이노 보드에 내장된 LED를 그대로 사용합니다. 추가적인 회로 구성을 할 필요는 없습니다.

다음 순서대로 진행합니다.

❶ Python-Arduino-Command-API 개발자 페이지(https://github.com/thearn/Python-Arduino-Command-API)에 접속하여 ZIP 압축된 라이브러리 파일을 다운로드 받습니다.

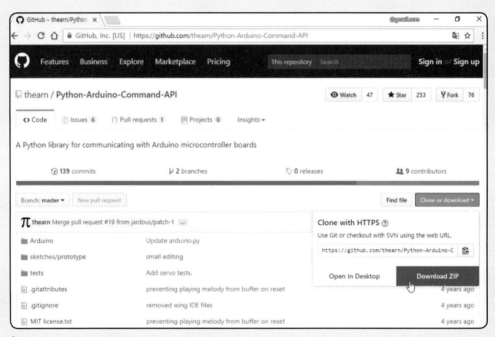

✎ 라이브러리 다운로드

❷ 다운로드 받은 압축 파일을 해제합니다.

❸ 컴퓨터와 아두이노 보드를 연결한 후, 아두이노 프로그램을 실행합니다.

❹ 다운로드 받은 파일 중 prototype.ino 파일을 불러옵니다. 파일 경로는 다음과 같습니다.

Python-Arduino-Command-API-master₩sketches₩prototype₩prototype.ino

prototype.ino 파일 열기

❺ 불러온 파일을 아두이노 보드에 업로드합니다. 보드에 업로드하기 전에 아두이노 프로그램에서 툴 〉 보드와 포트 설정을 현재 연결한 보드와 포트로 설정합니다.

❻ 파이썬(IDLE Python GUI)을 실행하고, 파일(File) 메뉴에서 새 파일(New File)을 클릭하여 새 창을 엽니다.

파이썬 쉘에서 새 창 열기

Python Coding

❼ 다음 코드를 작성합니다.

```
1    from Arduino import Arduino
2    import time
3
4    board = Arduino('9600')
5    board.pinMode(13, "OUTPUT")
6
7    while True:
8        board.digitalWrite(13, "LOW")
9        time.sleep(1)
10       board.digitalWrite(13, "HIGH")
11       time.sleep(1)
```

❽ 파이썬 코드를 led.py로 저장한 뒤, 실행 (Run Module)합니다.

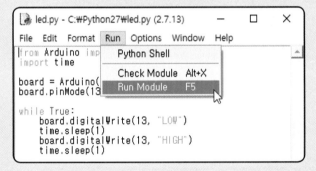

아두이노 보드가 연결된 상태에서 위 코드를 실행하면 내장 LED 1개가 1초 간격으로 깜박입니다.

이제 코드를 아두이노 스케치와 비교하여 자세히 살펴봅시다. 왼쪽이 스케치, 오른쪽이 파이썬 코드입니다.

```
1
2
3
4    void setup() {
```

```
1    from Arduino import Arduino
2    import time
3
4    board = Arduino('9600')
```

```
5      pinMode(13, OUTPUT);
6    }
7
8    void loop() {
9      digitalWrite(13, LOW);
10     delay(1000);
11     digitalWrite(13, HIGH);
12     delay(1000);
13   }
```

```
5    board.pinMode(13, "OUTPUT")
6
7
8    while True:
9        board.digitalWrite(13, "LOW")
10       time.sleep(1)
11       board.digitalWrite(13, "HIGH")
12       time.sleep(1)
13
```

파이썬 코드에서 1번과 2번 줄은 파이썬 라이브러리를 불러오는 명령어입니다. 4번 줄에서는 아두이노 보드의 통신 속도를 9600으로 설정한 뒤, 사용할 디지털 13번을 출력 모드로 설정합니다. 8번 줄부터는 무한 반복합니다. 9번 줄에서는 보드의 디지털 13번에 LOW 값을 주고, LED를 끕니다. 10번 줄에서는 1초 동안 기다립니다. 11번 줄에서는 다시 디지털 13번에 HIGH 값을 줘서 LED를 켭니다. 12번 줄에서는 1초 동안 기다립니다.

 Check? Check!

1 LED를 1초 간격으로 깜박이는 blink1( ) 함수를 정의해서 함수를 동작시키는 방법으로 코드를 수정해 봅시다.

Hint

파이썬에서 함수를 정의하는 방법과 blink1( ) 함수를 정의하는 방법은 다음과 같습니다.

```
def 함수명(매개변수):          def blink1():
    수행할 문장1                 board.digitalWrite(13, "LOW")
    수행할 문장2                 time.sleep(1)
    수행할 문장3                 board.digitalWRite(13, "HIGH")
    ....                        time.sleep(1)
```

아두이노 보드와 통신하기

아두이노 보드와 컴퓨터는 서로 데이터를 주고 받을 수 있는 통신 기능이 있습니다. 예를 들어 아두이노 보드에 연결된 센서로 측정하는 값을 확인하고 싶다면, 통신 기능을 이용하여 컴퓨터 화면에 출력할 수 있습니다. 반대로 컴퓨터에 특정 문자를 입력하여 아두이노 보드가 해당 동작을 수행할 수 있도록 통신할 수 있습니다.

센서 값을 모니터에 출력하기

준비물 : 🖥 아두이노 보드×1, ▦ 브레드보드×1, 🔌 USB 케이블×1, 🔲 조도 센서×1, 🔋 저항(10K옴)×1, 🖊 점퍼선×1

아두이노 보드에 조도 센서를 연결하고, 조도 센서가 감지한 값을 컴퓨터의 시리얼 모니터로 확인해 봅시다. 다음과 같이 회로를 구성하고, 스케치를 작성하여 동작시켜 봅시다.

완성된 회로도

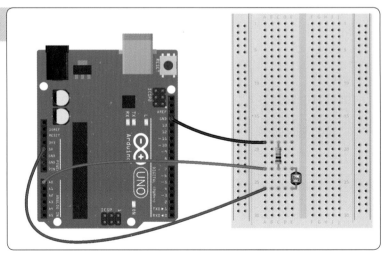

회로 구성하기

1 브레드보드에 조도 센서를 연결합니다.

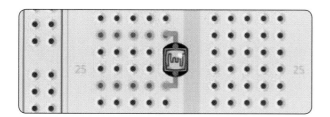

2 조도 센서의 한 쪽 핀과 같은 줄에 10k옴 저항을 연결합니다.

3 저항의 한 쪽 핀과 아두이노 보드의 GND를 검은색 점퍼선으로 연결합니다. 저항과 조도 센서가 연결된 곳과 아두이노 보드의 아날로그 0번 핀을 파란색 점퍼선으로 연결합니다. 조도 센서의 다른 쪽 핀과 아두이노 보드의 5V을 빨간색 점퍼선으로 연결합니다.

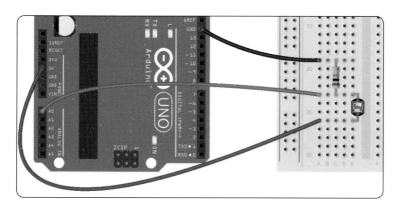

반드시 점퍼선의 색을 회로도와 똑같이 맞춰야 하나요?

반드시 그럴 필요는 없습니다. 회로도를 쉽게 이해하고 실습할 수 있도록 점퍼선의 색을 구분한 것입니다. 다만 일반적으로 + 또는 5V와 같은 전원선은 빨간색 점퍼선을 사용하고 − 또는 GND는 검은색 점퍼선을 사용합니다.

 브레드보드란 무엇인가요?

브레드보드는 납땜을 사용하지 않고 전기 회로를 연결할 수 있도록 도와주는 도구입니다. 브레드보드의 내부는 오른쪽 그림과 같이 금속 클립이 포함되어 있습니다. 브레드보드의 맨 윗줄에는 A, B, C, D, E와 F, G, H, I, J가 표시되어 있습니다. 가운데를 기준으로 A~E가 연결되어 있고, F~G가 연결되어 있습니다. 그리고 A~E와 F~G는 서로 연결되어 있지 않습니다. 브레드보드의 양 옆에 있는 빨간색 선과 파란색 선 사이의 선은 세로로 연결되어 있습니다. 주로, 아두이노 보드에서 전원을 빨간색 옆에 있는 선에 연결하고 GND는 파란색 옆에 있는 선에 연결합니다. 이렇게 연결하면 브레드보드에서 전기 회로를 구성하는 데 편리합니다.

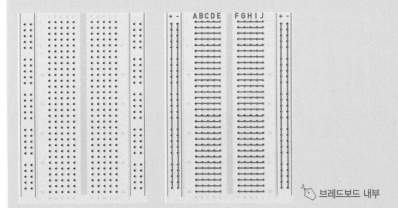

↖ 브레드보드 내부

그리고 회로가 제대로 연결되었는지 확인하기 위해서 아두이노 보드의 전원(또는 전기를 공급하는 핀 번호)에서 시작하여 다시 아두이노 보드의 GND까지 끊김 없이 연결되었는지를 확인해 봅시다.

스케치 작성하기

1 컴퓨터에 아두이노 보드를 연결하고, 아두이노 소프트웨어에서 보드와 포트를 선택합니다.

2 아래 스케치를 작성합니다.

```
1    void setup(){
2      Serial.begin(9600);
3    }
4
5    void loop(){
6      Serial.println(analogRead(0));
7      delay(100);
8    }
```

3 아두이노 소프트웨어에서 체크(V) 버튼을 눌러 스케치에 오타가 있는지 확인합니다.

4 업로드(→) 버튼을 눌러 컴파일된 파일을 아두이노 보드에 업로드합니다

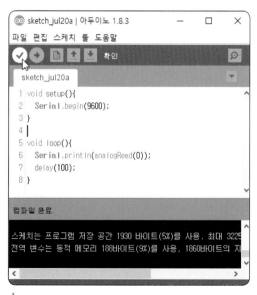

스케치 확인

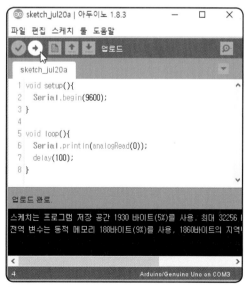

스케치 업로드

5 아두이노 소프트웨어에서 시리얼 모니터 버튼을 눌러, 시리얼 모니터를 실행합니다.

6 조도 센서 주변을 어둡게 하거나 밝게 해서 시리얼 모니터에 출력되는 값을 확인해 봅시다.

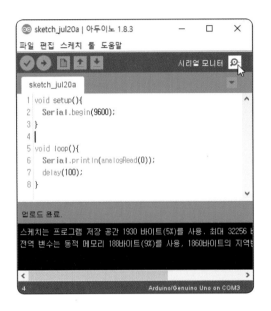

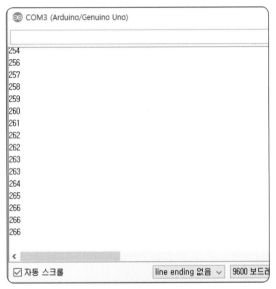

7 조도 센서 주변을 손으로 가려 어둡게 하거나 불빛을 비춰서 밝게 만들어 봅시다. 조도를 조정할 때마다 시리얼 모니터에서 출력되는 값을 확인할 수 있습니다. 센서 주변이 어두워지면 값이 작아지고 밝아지면 값이 커진다면, 회로와 코드 모두 정상입니다.

조도 센서로 측정한 값이 변하지 않거나 0이 출력된다면, 다음 사항들을 살펴보세요.

· 아두이노 보드의 5V와 GND가 제대로 연결되었는가?

· 아날로그 0번 핀에 제대로 연결되었는가?

· 저항의 크기가 10k옴이 맞는가?

· 스케치 코드에 오타가 없는가?

· 시리얼 모니터의 통신 속도가 9600 보드레이트로 설정되어 있는가?

스케치 살펴보기

❶ setup() 함수를 살펴봅시다.

```
1    void setup(){
2      Serial.begin(9600);
3    }
```

시리얼 모니터를 사용하기 위해서는 먼저 통신 속도를 설정해야 합니다. 2번 줄에서 Serial.begin(9600) 코드는 시리얼 통신을 시작하며 통신 속도를 9600으로 설정합니다.

❷ loop() 함수를 살펴봅시다.

```
5    void loop(){
6      Serial.println(analogRead(0));
7      delay(100);
8    }
```

6번 줄에서 Serial.println( ) 코드는 시리얼 모니터에 ( ) 안의 데이터를 출력하고, 한 줄 내리라는 의미입니다. 여기서 analogRead(0)은 아날로그 0번 핀에 연결된 조도 센서의 데이터를 읽어오라는 명령어입니다. 따라서 조도 센서에서 측정한 데이터를 시리얼 모니터에 출력하고, 한 줄 내려옵니다.

이번 스케치에서 사용한 시리얼 통신 명령어입니다.

Serial.begin(speed);	Serial.println(val);
컴퓨터와 아두이노 보드가 통신하기 위해 사용하는 시리얼 통신의 통신 속도를 설정하는 명령어입니다. speed에는 통신 속도를 입력합니다. 보통 9600bps를 사용합니다.	시리얼 모니터에 val 값을 출력하고 입력 커서를 한 줄 내리는 명령어입니다. 입력 커서는 모니터에 글자가 출력되는 현재 위치를 나타냅니다. 문서 편집 프로그램의 커서와 동일합니다.

Check? Check!

1 이전 스케치 코드를 참고하여, 시리얼 모니터에 다음과 같이 출력되도록 코드를 수정해 봅시다.

```
CdS Value : 954
CdS Value : 953
...
```

Hint

❶ 이 동작을 수행하기 위해 필요한 명령어는 다음과 같습니다. 이 명령어는 시리얼 모니터에 val 값을 출력합니다. Serial.println( )과 다르게 입력 커서를 한 줄 내리지 않습니다.

```
Serial.print(val);
```

❷ 시리얼 모니터에 특정 문자를 출력하는 방법은 다음과 같습니다. 예를 들어, 화면에 다음과 같이 출력하고 싶다면,

〈화면〉

```
String String String
```

다음과 같은 명령어를 사용합니다.

```
Serial.print("String String String");
```

❸ 2개의 문자열을 화면에 출력하는 방법은 다음과 같습니다. 예를 들어, 화면에 다음과 같이 출력하고 싶다면,

〈화면〉

```
String1 String2
String1 String2
```

다음과 같은 명령어를 사용합니다.

```
Serial.print("String1 String2");
Serial.println("String1 String2");
```

특정 문자를 입력하여 LED 제어하기

준비물 : 아두이노 보드×1, 브레드보드×1, USB 케이블×1, LED×1, 저항(220k옴)×1, 점퍼선×2

시리얼 모니터의 전송 기능을 이용하면 컴퓨터에서 아두이노 보드로 정보를 보낼 수 있습니다. 이번에는 컴퓨터에서 특정 문자를 입력하여 아두이노 보드에 연결된 LED를 켜거나 꺼 봅시다.

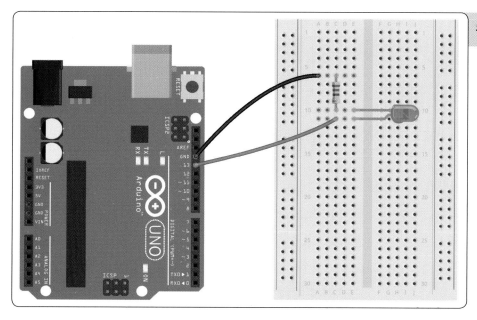

완성된 회로도

 변수를 미리 알고 싶어요!

변수(Variable)란 숫자 또는 문자 정보를 저장할 수 있는 곳입니다. 여기에 담겨진 정보는 다른 정보로 변경할 수 있습니다. 변수 형태로는 정수형(int), 실수형(float), 문자열(String) 등의 종류가 있습니다.

회로 구성하기

1 브레드보드에 LED를 연결합니다. LED는 핀이 2개이며 긴 쪽이 +극, 짧은 쪽이 −극입니다.

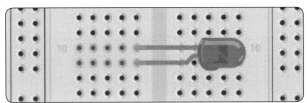

2 LED의 −핀과 같은 줄에 220옴 저항을 연결합니다.

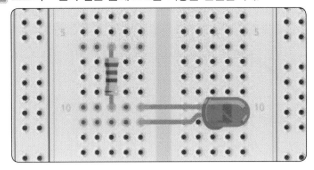

3 저항의 한 쪽 핀과 아두이노 보드의 GND를 검은색 점퍼선으로 연결합니다. LED의 +핀과 아두이노 보드의 디지털 13번 핀을 파란색 점퍼선으로 연결합니다.

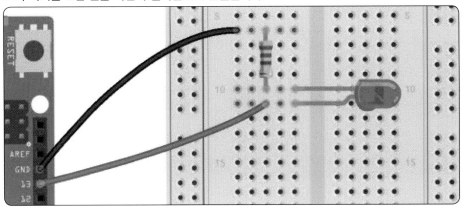

스케치 작성하기

1 컴퓨터에 아두이노 보드를 연결하고, 아두이노 소프트웨어에서 보드와 포트를 선택합니다.

2 아래 스케치를 작성합니다.

```
1   void setup(){
2     Serial.begin(9600);
3     pinMode(13, OUTPUT);
4   }
5
6   void loop(){
7     if(Serial.available()){
8       String input = Serial.readString();
9       if(input == "a"){
10        digitalWrite(13, HIGH);
11      }
12      if(input == "d"){
13        digitalWrite(13, LOW);
14      }
15    }
16  }
```

3 체크(V) 버튼을 눌러 스케치에 오타가 있는지 확인합니다.

4 업로드(→) 버튼을 눌러 컴파일된 파일을 아두이노 보드에 업로드합니다.

5 시리얼 모니터 버튼을 눌러, 시리얼 모니터를 실행합니다.

6 시리얼 모니터에서 입력창에 'a'를 입력하고 전송을 누릅니다. LED가 켜지는 것을 확인한 후, 다시 입력창에 'd'를 입력하고 전송을 누릅니다. LED가 꺼지는 것을 확인합니다.

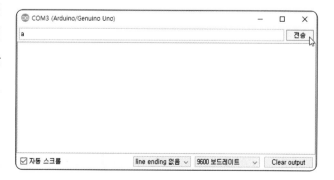

✐ 시리얼 모니터 문자 입력 및 전송 화면

스케치 살펴보기

❶ loop() 함수를 살펴봅시다.

```
 6   void loop(){
 7     if(Serial.available()){
 8       String input = Serial.readString();
 9       if(input == "a"){
10         digitalWrite(13, HIGH);
11       }
12       if(input == "d"){
13         digitalWrite(13, LOW);
14       }
15     }
16   }
```

7번 줄에 Serial.available( ) 코드는 시리얼 통신으로 데이터를 받으면, 받은 데이터의 개수를 출력해 줍니다. 만약 데이터를 입력하지 않으면 0을 출력합니다. if문에서 조건이 0이면 거짓으로 판단하여, if문에 포함된 명령어를 실행하지 않습니다. 즉, 문자를 입력하지 않았다면, 8번부터 13번 줄까지의 코드는 실행되지 않습니다.

시리얼 모니터에 문자를 입력하고 전송하면 8번 줄에서 입력한 문자를 input 변수에 저장합니다. 9번 줄에서는 입력 받은 문자가 a인지를 확인하여 a이면 10번 줄을 실행합니다. a가 아니라면, 12번 줄에서 d인지 아닌지를 확인하여 d이면 13번 줄을 실행합니다.

이번 스케치에서 사용한 시리얼 통신 명령어입니다.

Serial.available();	Serial.readString();
시리얼 통신으로 데이터를 받으면, 받은 데이터의 개수를 출력합니다.	시리얼 통신으로 받은 데이터를 문자열 데이터인 string형으로 변환하여 출력합니다.

if문은 무엇인가요?

if 문은 조건문을 나타냅니다. 조건문은 조건에 따라 실행하는 코드가 달라지는 것을 말합니다. 프로그램 코드는 기본적으로 위에서 아래로 순차적으로 실행됩니다. 조건문을 만나게 된다면, 조건에 따라 특정 명령은 건너뛸 수 있습니다.

다음과 같이 버튼을 눌렀을 때 LED가 켜지는 코드를 살펴 봅시다. 우리가 쉽게 이해할 수 있도록 작성했습니다.

버튼을 눌렀는가?

그렇다면, LED를 켜고,

그렇지 않다면, LED를 꺼라.

앞의 글을 코드로 바꾸면 다음과 같습니다.

```
if (버튼을 눌렀는가?) {
    LED를 켜라.
} else {
    LED를 꺼라.
}
```

if의 괄호 안에 조건을 입력하고, 조건이 참이면 첫 번째 { } 안의 코드를 실행합니다. 조건이 거짓이라면 else { } 안의 코드를 실행합니다.

조건이 2개 이상이라면 다음과 같이 else if( )를 사용하여 조건을 추가할 수 있습니다.

```
if ( a를 입력했는가? ) {
  // a를 입력했을 때 동작 코드
} else if ( d을 입력했는가? ) {
  // d을 입력했을 때 동작 코드
} else {
  // 그 이외에 동작 코드
}
```

Check? Check!

1 이전 스케치 코드를 참고하여, 시리얼 모니터에 a 또는 d를 입력했을 때, 출력 화면에 어떤 문자를 입력했는지 출력하도록 코드를 수정해 봅시다.

조건

　a를 입력하면, 시리얼 모니터에 "a"를 출력

　d를 입력하면, 시리얼 모니터에 "d"를 출력

Hint

　시리얼 모니터에 문자를 출력하기 위해서는 다음 명령어를 사용할 수 있습니다.

```
Serial.println("a");
```

　또는 변수에 저장된 값을 출력할 수 있습니다.

```
Serial.println(input);
```

2 LED 1개를 더 추가해 봅시다. 그리고 시리얼 모니터에서 a를 입력하면 1번 LED가 켜지고(2번 LED는 꺼지고), b를 입력하면 2번 LED가 켜지도록(1번 LED는 꺼지도록) 코드를 작성해 봅시다

LED 동작			회로도
	1번 LED	2번 LED	
a를 누르면	켜기	끄기	
b를 누르면	끄기	켜기	

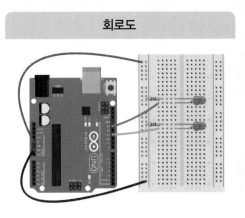

Chapter **05** **Arduino**

LED 여러 개 제어하기

이번에는 빛을 내는 전자 부품인 LED를 살펴보고, LED를 한 개 이상 사용할
수 있도록 회로 연결 방법과 코드 작성 방법을 배웁니다. 그리고 LED 1개를 깜
빡이는 예제와 LED 3개를 깜박이는 예제를 통해 아두이노의 디지털 출력 기
능에 대해 자세히 배워봅시다.

LED 살펴보기

LED는 발광다이오드(Light-Emitting Diode)의 약어로, 순방향으로 전압을 가했
을 때 빛을 내는 전자 부품입니다.

🔖 다양한 종류의 LED

LED의 크기 단위는 ∅(파이)이며, 3파이부터 4파이, 5파이, 8파이 등 다양한 크기
가 있습니다.

대부분의 LED는 다리 핀이 2개입니다. LED는 핀이 2개이며 긴 핀이 +극 (애노드;
Anode), 짧은 핀이 -극(캐소드; Cathode)입니다. +극과 -극에 전원을 반대로 연결

하면 LED가 고장 날 수 있으므로 주의해야 합니다. 또한, LED에서 휘어진 형태의 오른쪽 핀이 +극이고, 직선 형태의 왼쪽 핀이 −극입니다.

참고로 LED 부품을 여러 번 사용하거나 핀이 잘라져서 +극과 −극을 구분하기 어렵다면, LED 내부를 살펴 상대적으로 작은 크기의 부품에 연결된 핀이 +극, 상대적으로 큰 크기의 부품에 연결된 핀이 −극입니다.

LED 1개 깜박이기

준비물 : 🔲 아두이노 보드×1, ▭ 브레드보드×1, 🔌 USB 케이블×1, ➖▷ LED×1,
━▥▥▥━ 저항(220k옴)×1, ✍ 점퍼선×2

아두이노 보드에 LED 1개를 연결하고 1초 간격으로 켜졌다가 꺼지게 하는 예제를 만들어 봅시다.

완성된 회로도

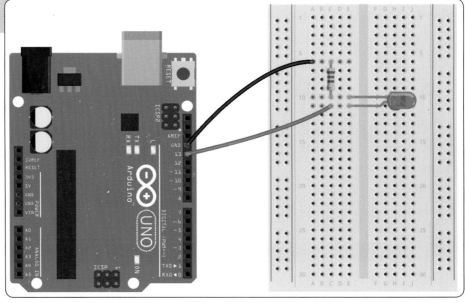

회로 구성하기

1 브레드보드에 LED 1개를 연결합니다.

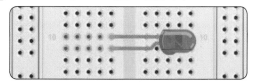

2 LED의 −핀과 같은 줄에 저항 1개를 연결합니다.

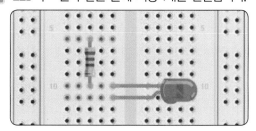

3 저항의 한 쪽 핀과 아두이노 보드의 GND를 검은색 점퍼선으로 연결합니다.

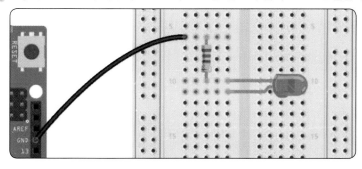

4 LED +핀과 아두이노 보드의 디지털 13번 핀을 파란색 점퍼선으로 연결합니다.

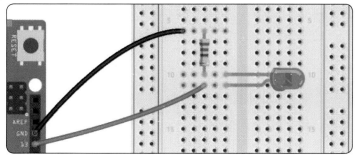

스케치 작성하기

1 컴퓨터에 아두이노 보드를 연결하고, 아두이노 소프트웨어에서 보드와 포트를 선택합니다.

2 아래 스케치를 작성합니다.

```
1    void setup() {
2      pinMode(13, OUTPUT);
3    }
4
5    void loop() {
6      digitalWrite(13, HIGH);
7      delay(1000);
8      digitalWrite(13, LOW);
9      delay(1000);
10   }
```

3 체크(V) 버튼을 눌러 스케치에 오타가 있는지 확인합니다.

4 업로드(→) 버튼을 눌러 컴파일된 파일을 아두이노 보드에 업로드합니다.

5 LED가 1초 간격으로 깜박이는지 확인합니다.

스케치 살펴보기

❶ setup() 함수를 살펴봅시다.

```
1    void setup() {
2      pinMode(13, OUTPUT);
3    }
```

3번 줄에서 pinMode( )를 이용하여 디지털 13번 핀을 출력 모드로 설정합니다. 이제
디지털 13번 핀에서 전기를 공급할 수 있습니다.

❷ loop( ) 함수를 살펴봅시다.

```
5    void loop() {
6      digitalWrite(13, HIGH);
7      delay(1000);
8      digitalWrite(13, LOW);
9      delay(1000);
10   }
```

6번 줄에서는 디지털 13번 핀에 전기를 주고(HIGH), 7번 줄에서 1초 동안 기다린 후, 8번 줄에서 디지털 13번 핀에 전기를 주지 않고(LOW), 9번 줄에서 다시 1초 동안 기다립니다. 그리고 다시 6번 줄로 돌아가서 반복 실행됩니다.

이번 스케치에서 사용한 시리얼 통신 명령어입니다.

Serial.begin(speed);

컴퓨터와 아두이노 보드가 통신하기 위해 사용하는 시리얼 통신의 속도를 설정하는 명령어입니다. speed에는 통신 속도를 입력합니다. 보통 9600bps를 사용합니다.

digitalWrite(핀 번호, 값);

digitalWrite( ) 명령어는 해당 디지털 핀에 HIGH(전기 공급) 또는 LOW(전기 공급 안 함)의 값을 줄 수 있는 명령어입니다. 핀 번호에는 전자 부품과 연결된 디지털 핀 번호를 입력하고, 값에는 HIGH 또는 LOW값을 입력합니다.

digtalRead(핀 번호);

digitalRead( ) 명령어는 해당 핀에 입력된 값을 읽어 오는 명령어입니다. 해당 핀 번호에 연결된 전자 부품으로부터 받은 값을 HIGH 또는 LOW값으로 가져옵니다.

🛠 디버깅 체크

제대로 동작하지 않는다면, 회로와 스케치를 확인해 봅시다.

① 회로를 살펴봅시다. LED의 +극과 −극이 아두이노 보드와 제대로 연결되었는지 확인합니다. 또한 브레드보드에 제대로 연결되었는지 확인합니다.

② 스케치를 살펴봅시다. pinMode에서 디지털 핀 번호를 제대로 작성했는지 확인합니다.

LED 3개 깜박이기

준비물 : 아두이노 보드×1, 브레드보드×1, USB 케이블×1, LED×3, 저항(220k옴)×3, 점퍼선×4

LED 3개를 연결하여 순서대로 깜박이는 회로와 스케치를 만들어 봅시다.

완성된 회로도

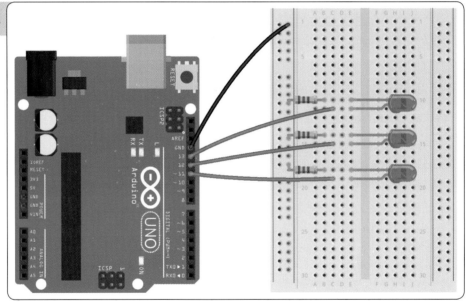

회로 구성하기

1 아두이노 보드의 GND와 브레드보드의 전원 영역의 −선을 검은색 점퍼선으로 연결합니다.

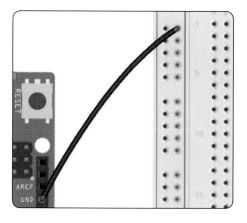

2 LED 3개를 브레드보드에 각각 연결합니다. 그리고 각 LED의 −핀과 브레드보드의 전원 영역의 −선을 220옴 저항으로 연결합니다.

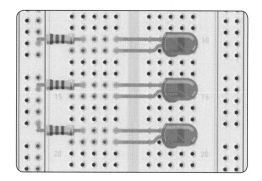

3 LED 3개의 +핀과 아두이노 보드의 디지털 13번, 12번, 11번을 각각 파란색 점퍼선으로 연결합니다.

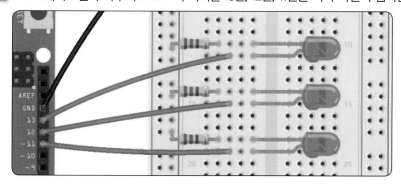

 브레드보드의 +와 − 표시는 무엇을 의미하나요?

브레드보드에 점퍼선 연결 시 +로 사용할 선과 −로 사용할 선을 여기에 연결하면, 브레드보드에 전자 부품을 연결할 때 세로로 연결된 이 핀들을 이용하여 +와 −를 쉽게 연결할 수 있도록 도와줍니다. 즉, 실제로 +와 −를 제공하는 것이 아니라 점퍼선을 연결하기 쉽게 안내해주는 역할을 합니다.

스케치 작성하기

1 컴퓨터에 아두이노 보드를 연결하고, 아두이노 소프트웨어에서 보드와 포트를 선택합니다.

2 아래 스케치를 작성합니다.

```
1   void setup(){
2     pinMode(13, OUTPUT);
3     pinMode(12, OUTPUT);
4     pinMode(11, OUTPUT);
5   }
6
7   void loop(){
8     digitalWrite(13, HIGH);
9     delay(1000);
10    digitalWrite(13, LOW);
11    delay(1000);
12    digitalWrite(12, HIGH);
13    delay(1000);
14    digitalWrite(12, LOW);
15    delay(1000);
16    digitalWrite(11, HIGH);
17    delay(1000);
18    digitalWrite(11, LOW);
19    delay(1000);
20  }
```

3 체크(V) 버튼을 눌러 스케치에 오타가 있는지 확인합니다.

4 업로드(→) 버튼을 눌러 컴파일된 파일을 아두이노 보드에 업로드합니다.

5 3개의 LED가 순서대로 1초 간격으로 깜박이는지 확인합니다.

스케치 살펴보기

❶ setup() 함수를 살펴봅시다.

```
1   void setup(){
2     pinMode(13, OUTPUT);
3     pinMode(12, OUTPUT);
4     pinMode(11, OUTPUT);
5   }
```

아두이노 보드의 디지털 핀 13번, 12번, 11번을 모두 출력 모드로 설정합니다.

❷ loop() 함수를 살펴봅시다.

```
7   void loop(){
8     digitalWrite(13, HIGH);
9     delay(1000);
10    digitalWrite(13, LOW);
11    delay(1000);
12    digitalWrite(12, HIGH);
13    delay(1000);
14    digitalWrite(12, LOW);
15    delay(1000);
16    digitalWrite(11, HIGH);
17    delay(1000);
18    digitalWrite(11, LOW);
19    delay(1000);
20  }
```

🔧 디버깅 체크

제대로 동작하지 않는다면, 다음 사항을 확인해 봅시다.

① 회로를 살펴봅시다. LED의 +극과 −극이 아두이노 보드와 제대로 연결되었는지 확인합니다. 또한 브레드보드에 제대로 연결되었는지 확인합니다.

② 스케치를 살펴봅시다. 실제로 연결한 디지털 핀 번호를 핀 번호 변수에 제대로 작성했는지 확인합니다.

8번~11번 줄은 디지털 13번 핀에 연결된 LED를 1초 간격으로 깜박이게 합니다. 12번~15번 줄까지는 디지털 12번 핀에 연결된 LED를 1초 간격으로 깜박이게 합니다. 16번~19번 줄까지는 디지털 11번 핀에 연결된 LED를 1초 간격으로 깜박이게 합니다.

Check? Check!

1 이전 회로에서 저항의 크기를 바꿔봅시다. 220옴 저항에서 330옴 저항, 1k옴 저항, 10k옴 저항 등 다양한 크기로 바꿔봅시다. 그리고 저항의 크기가 커지면 LED의 밝기는 어떻게 바뀌는지 확인해 봅시다.

2 LED가 깜박이는 간격을 변경해 봅시다. 이전 코드에서는 delay() 명령어를 이용하여 1초 간격으로 깜박이도록 하였습니다. 이 간격을 0.5초, 그리고 2초로 변경해 봅시다.

3 LED에 연결한 아두이노 보드의 디지털 핀 번호를 디지털 2번, 3번, 4번으로 바꿔봅시다. 회로를 수정하고 스케치를 바꿔봅시다. 스케치를 총 몇 번 수정해야 하나요?

4 스케치를 수정하는 횟수를 줄이기 위해 디지털 핀 번호를 변수로 사용해 봅시다. 사용할 변수는 led1, led2, led3입니다. 다음 변수 선언 부분을 참고하여 스케치를 수정해 보세요.

```
1    int led1 = 4;
2    int led2 = 3;
3    int led3 = 2;
```

Hint

아래 코드는 1개의 LED를 켜고 끄는 코드에서 led1 변수를 사용한 예입니다.

```
1    int led1 = 13;
2
3    void setup(){
4      pinMode(led1, OUTPUT);
5    }
6
7    void loop(){
8      digitalWrite(led1, HIGH);
```

```
 9      delay(1000);
10      digitalWrite(led1, LOW);
11      delay(1000);
12    }
```

5 blinkLED( ) 함수를 정의하여 기존 코드에서 반복 동작하는 부분의 코드를 줄여봅시다. loop( ) 함수의 내용을 수정하고, blinkLED( ) 함수를 정의하는 부분이 추가되어야 합니다. 다음 코드를 참고하여 스케치를 수정해 보세요.

```
11    void loop(){
12      blinkLED(led1, 1000);
13      blinkLED(led2, 1000);
14      blinkLED(led3, 1000);
15    }
```

```
17    void blinkLED(int pin, int ms){
18      digitalWrite(pin, HIGH);
19      delay(ms);
20      digitalWrite(pin, LOW);
21      delay(ms);
22    }
```

Python Coding

파이썬을 이용하여 LED 3개를 연결하여 순서대로 깜박이는 코드를 만들어 봅시다. 필요한 준비
물과 회로도는 다음과 같습니다.

준비물 : 아두이노 보드×1, 브레드보드×1, USB 케이블×1, LED×3, 저항(220k옴)
×3, 점퍼선×4

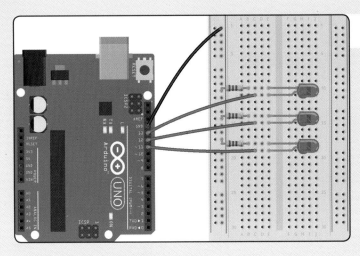

완성된 회로도

❶ 컴퓨터에 아두이노 보드를 연결합니다.
❷ 파이썬을 실행하여 다음 코드를 작성해 봅시다.

```python
1    from Arduino import Arduino
2    import time
3
4    board = Arduino('9600')
5    board.pinMode(13, "OUTPUT")
6    board.pinMode(12, "OUTPUT")
7    board.pinMode(11, "OUTPUT")
8
9    while True:
10       board.digitalWrite(13, "HIGH")
```

```
11        time.sleep(1)
12        board.digitalWrite(13, "LOW")
13        time.sleep(1)
14        board.digitalWrite(12, "HIGH")
15        time.sleep(1)
16        board.digitalWrite(12, "LOW")
17        time.sleep(1)
18        board.digitalWrite(11, "HIGH")
19        time.sleep(1)
20        board.digitalWrite(11, "LOW")
21        time.sleep(1)
```

코드를 자세히 살펴봅시다.

```
1    from Arduino import Arduino
2    import time
3
4    board = Arduino('9600')
5    board.pinMode(13, "OUTPUT")
6    board.pinMode(12, "OUTPUT")
7    board.pinMode(11, "OUTPUT")
```

1~2번 줄에서는 아두이노 연결을 위해 Arduino 라이브러리에서 Arduino를 가져옵니다. 그리고 시간 함수를 사용하기 위해 time 라이브러리도 가져옵니다. 4번 줄에서는 아두이노 보드의 통신 속도를 9600으로 하여 board에 할당합니다. 5~7번 줄은 보드에 연결된 11, 12, 13번 핀을 출력(OUTPUT) 모드로 설정합니다.

```
9    while True:
10        board.digitalWrite(13, "HIGH")
11        time.sleep(1)
```

Python Coding

```
12        board.digitalWrite(13, "LOW")
13        time.sleep(1)
14        board.digitalWrite(12, "HIGH")
15        time.sleep(1)
16        board.digitalWrite(12, "LOW")
17        time.sleep(1)
18        board.digitalWrite(11, "HIGH")
19        time.sleep(1)
20        board.digitalWrite(11, "LOW")
21        time.sleep(1)
```

9~21번까지는 반복해서 계속 실행됩니다. 10번 줄에서 13번 핀에 전기를 주고(HIGH), 11번 줄에서 1초 동안 대기(sleep)합니다. 12번 줄에서는 13번 핀에 전기를 주지 않고(LOW), 13번 줄에서 다시 1초 동안 대기 합니다. 14~17번 줄은 12번 핀에 대한 명령이고, 18~21번 줄은 11번 핀에 대한 명령으로 이전 동작과 동일합니다.

파이썬 코드에서 사용한 명령어를 살펴봅시다.

board = Arduino("9600", port = "port_number")

아두이노 보드의 통신 속도는 9600으로, 포트 번호를 port_number로 설정합니다.
포트 번호를 생략하면 자동으로 포트 번호를 찾습니다. 포트 번호를 찾을 수 없다는
경고가 나오면 포트 번호를 직접 지정할 수 있습니다.

Arduino.pinMode(pin_number, io_mode)

특정 핀의 입출력 모드를 설정합니다.

Arduino.digitalWrite(pin_number, state)

특정 핀의 상태를 HIGH 또는 LOW로 설정합니다.

Check? Check!

1 디지털 핀 번호를 변수로 사용해 봅시다. 사용할 변수는 led1, led2, led3입니다. 다음 변수 선언 부분을 참고하여 코드를 수정해 보세요.

Hint

변수 선언 방법

```
1    led1 = 13
2    led2 = 12
3    led3 = 11
```

아래 코드는 1개의 LED를 켜고 끄는 코드에서 led1 변수를 사용한 예입니다.

```
1    from Arduino import Arduino
2    import time
3
4    led1 = 13
5
6    board = Arduino('9600')
7    board.pinMode(led, "OUTPUT")
8
9    while True:
10       board.digitalWrite(led, "HIGH")
11       time.sleep(1)
12       board.digitalWrite(led, "LOW")
13       time.sleep(1)
```

2 blinkLED( ) 함수를 정의하여 기존 코드에서 반복 동작하는 부분의 코드를 줄여봅시다. loop( ) 함수의 내용을 수정하고, blinkLED( ) 함수를 정의하는 부분이 추가되어야 합니다. 다음 코드를 참고하여 코드를 수정해 보세요.

```
1    def blinkLED(int pin, int s){
2      board.digitalWrite(pin, HIGH);
3      delay(s);
4      board.digitalWrite(pin, LOW);
5      delay(s);
6    }
```

```
1    while True:
2      blinkLED(led1, 1);
3      blinkLED(led2, 1);
4      blinkLED(led3, 1);
```

 혹시 파이썬 3.X 버전을 사용하나요?

파이썬 2.X 버전과 3.X 버전의 큰 차이점 중 하나는 print 명령어 사용 방법입니다. 파이썬 2.X 버전에서는 위 예제처럼, " " 로 출력할 문자열을 표시합니다.

print "Push!!" #파이썬 2.X

하지만 파이썬 3.X 버전에서는 다음과 같이 ( ) 로 구분을 해 줍니다.

print("Push!!") #파이썬 3.X

이렇게 바뀐 이유는 print 명령어를 다른 함수 사용 방법과 동일하게 사용할 수 있도록 일관성 유지를 위해 변경되었습니다.

Chapter **06** Arduino

푸쉬 버튼 제어하기

이번 활동은 전기 회로를 연결하거나 끊을 수 있는 물리적 장치인 푸쉬 버튼 (Push button)을 살펴보고 푸쉬 버튼을 이용하여 회로를 구성하고 관련 코드 를 작성하는 방법을 배워봅시다. 그리고 푸쉬 버튼으로 LED를 제어하는 방법 과 풀업 저항, 풀다운 저항에 대해 배워봅시다.

푸쉬 버튼 살펴보기

푸쉬 버튼(Push button)은 전기 회로를 연결하거나 끊을 수 있는 물리적 장치입니다. 푸시 버튼 을 눌러서 작동시키는 버튼 또는 스위치라고 생각하면 됩니다. 버튼을 눌렀을 때 회로가 연결되 고, 버튼을 누르지 않았을 때 회로가 끊어지게 됩니다. 이 구조를 이용하여 전기를 공급하거나 하 지 않게 하는 스위치 기능을 합니다.

푸쉬 버튼

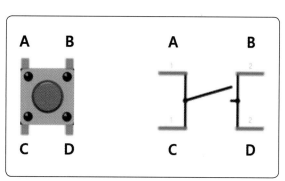

4핀 푸쉬 버튼 내부 구조도

푸쉬 버튼 상태 확인하기

준비물 : 🔋 아두이노 보드×1, ▦ 브레드보드×1, 🔌 USB 케이블×1, ⬛ 푸쉬 버튼×1,
▬▬ 저항(10K옴)×1, ✐ 점퍼선×3

푸쉬 버튼 1개를 아두이노 보드에 연결합니다. 푸쉬 버튼을 누르면 시리얼 모니터에
'push!'라는 문자열이 출력되도록 합니다. 아두이노 보드는 푸쉬 버튼의 상태를 주기
적으로 확인해서 눌러졌을 때, 시리얼 모니터에 문자열을 출력하도록 합니다. 회로도
를 따라 회로를 구성하고, 아두이노 스케치를 작성하여 동작시켜 봅시다.

완성된 회로도

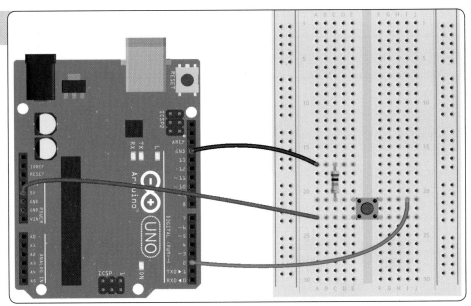

회로 구성하기

1 브레드보드에 푸쉬 버튼을 연결합니다.

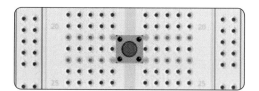

2 아래 그림과 같이 푸쉬 버튼의 왼쪽 상단 핀에는 10k옴 저항을 연결합니다.

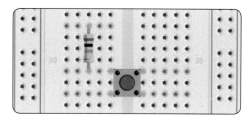

3 저항과 아두이노 보드의 GND를 검은색 점퍼선으로 연결합니다.

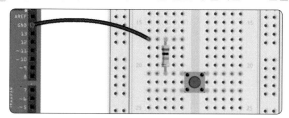

4 푸쉬 버튼의 왼쪽 하단 핀과 아두이노 보드의 5V를 빨간색 점퍼선으로 연결합니다.

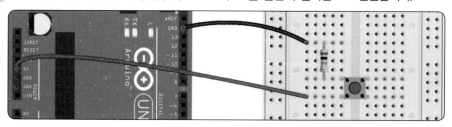

5 푸쉬 버튼의 오른쪽 상단 핀과 아두이노 보드의 디지털 2번 핀을 파란색 점퍼선으로 연결합니다.

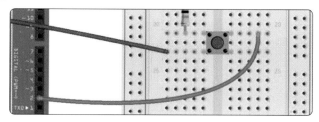

스케치 작성하기

1 컴퓨터에 아두이노 보드를 연결하고, 아두이노 소프트웨어에서 보드와 포트를 선택합니다.

2 아래 스케치를 작성합니다.

```
1   int buttonPin = 2;
2
3   void setup(){
4     pinMode(buttonPin, INPUT);
5     Serial.begin(9600);
6   }
7
8   void loop(){
9     if(digitalRead(buttonPin) == HIGH){
10      Serial.println("Push!");
11    }
12    delay(100);
13  }
```

3 체크(V) 버튼을 눌러 스케치에 오타가 있는지 확인합니다.

4 업로드(→) 버튼을 눌러 컴파일된 파일을 아두이노 보드에 업로드합니다.

5 시리얼 모니터를 실행하고, 푸쉬 버튼을 누르면 시리얼 모니터에 문자열이 출력되는지 확인합니다.

스케치 살펴보기

❶ setup() 함수를 살펴봅시다.

```
1   int buttonPin = 2;
2
3   void setup(){
4     pinMode(buttonPin, INPUT);
```

```
5    Serial.begin(9600);
6  }
```

1번 줄에서 변수 buttonPin에 2를 할당합니다.

4번 줄에서 아두이노의 디지털 2번을 입력 핀으로 설정합니다.

5번 줄에서 시리얼 모니터를 시작합니다.

❷ loop( ) 함수를 살펴봅시다.

```
8   void loop(){
9     if(digitalRead(buttonPin) == HIGH){
10       Serial.println("Push!");
11     }
12     delay(100);
13   }
```

9번 줄에서 digitalRead( )로 푸쉬 버튼이 눌렸는지를 확인합니다. 푸쉬 버튼이 눌러
졌다면 디지털 2번은 HIGH 상태가 되고, 버튼을 누르지 않으면 LOW 상태로 인식합
니다. 푸쉬 버튼을 눌러서 디지털 2번이 HIGH 상태가 되면 10번 줄이 실행되어 시리
얼 모니터에 'Push!'를 출력합니다.

이번 스케치에서 사용한 시리얼 통신 명령어입니다.

digitalRead(pin);

digitalRead( ) 명령어는 입력한 디지털 핀 번호(pin)의 상태를 읽어오는 명령어입니다. 디지털 핀에 전
자 부품을 연결하여 동작시키면 HIGH 또는 LOW의 상태가 됩니다.

Serial.println(val);

시리얼 모니터에 val값을 출력하고 입력 커서를 한 줄 내리는 명령어입니다.

풀다운 저항, 풀업 저항 알아보기

푸쉬 버튼을 누르면 디지털 2번의 상태가 왜 HIGH가 될까요? 그 이유는 바로 풀다운(Pull-down) 저항을 사용했기 때문입니다. 풀다운 저항이 무엇인지 다음 그림을 통해 알아봅시다. 이 그림은 앞의 회로도를 기호 형태로 나타낸 것입니다.

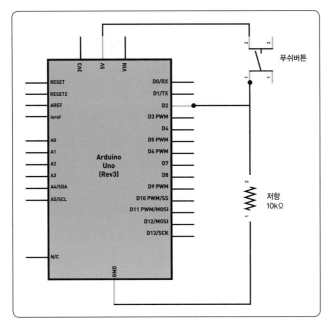

풀다운 저항을 연결한 푸쉬 버튼 연결 그림

그림에서 아두이노 보드의 5V에서 시작해 봅시다. 5V의 전압에서 나오는 전류는 푸쉬 버튼으로 이동합니다. 푸쉬 버튼을 눌렀다면, 전류는 디지털 2번과 저항으로 이동합니다. 저항을 일종의 장애물이라고 생각하면 편합니다. 전류는 장애물인 저항보다는 장애물이 없는 디지털 2번으로 이동하게 됩니다. 따라서 푸쉬 버튼을 누르면 많은 전류가 디지털 2번으로 이동하게 되어 디지털 2번의 상태가 전압이 높은 HIGH 상태가 됩니다.

푸쉬 버튼을 누르지 않으면 어떻게 될까요? 푸쉬 버튼을 누르지 않으면 5V에서 나오는 전류는 더 이상 흐르지 못합니다. 푸쉬 버튼의 아래쪽에는 디지털 2번에 저항과 아두이노 보드의 GND가 연결되어 있습니다. 중간에 저항이 있기는 하지만 대부분의 전류는 GND로 흐르게 됩니다. 따라서 디지털 2번에는 전압이 낮은 LOW 상태가 됩니다.

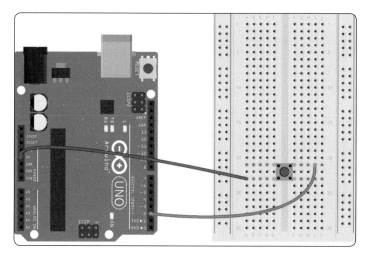
푸쉬 버튼 연결 회로도

위 회로도를 보면 푸쉬 버튼의 한 쪽은 5V를 연결하고 다른 한 쪽은 디지털 2번 핀을 연결하였습니다. 단순하게 저항 없이 푸쉬 버튼을 연결한다면 이처럼 회로를 만들 수 있습니다. 아래 그림을 통해 자세히 살펴봅시다.

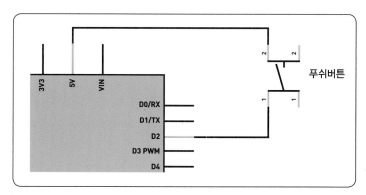
푸쉬 버튼 연결 그림

푸쉬 버튼을 누르게 되면 5V에서 나오는 전류가 디지털 2번으로 이동하여 디지털 2번이 HIGH 상태가 됩니다. 그런데 푸쉬 버튼을 누르지 않으면 어떻게 될까요?

디지털 2번에 전류가 흐르는지 흐르지 않는지를 알 수 없습니다. 이 상태를 플로팅 상태라고 합니다. 플로팅은 '떠 있다, 유동적이다'를 의미합니다. 즉, 디지털 2번이 HIGH인지 LOW인지 알 수 없고 그 사이를 계속 흐르는 상태가 됩니다. 따라서 푸쉬 버튼을 누르지 않았을 때에도 전류가 흐를 수 있도록 회로를 연결해야 플로팅 상태를 방지할 수 있습니다. 저항을 이용하여 GND에 연결하는 방법을 풀다운 저항이라고 합니다. 여기서 풀다운의 의미는 플로팅 상태의 값을 LOW로 낮춰준다는 의미를 가지고 있습니다.

플로팅 상태를 해결하는 방법으로 풀다운 저항 이외에 풀업 저항도 있습니다. 풀업의 의미는 풀다운과 반대로 플로팅 상태의 값을 HIGH로 높여준다는 의미입니다. 푸쉬 버튼에 풀업 저항을 연결한 회로도는 다음과 같습니다.

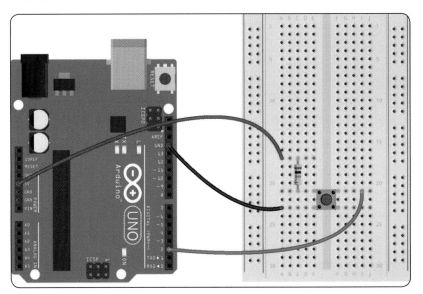

풀업 저항을 사용한 푸쉬 버튼 연결 회로도

풀다운 저항을 사용한 푸쉬 버튼 연결 그림과 비교해 보면, 5V와 GND를 연결하는 부분이 서로 바뀐 것을 볼 수 있습니다. 다음 연결 그림을 보면 저항이 푸쉬 버튼 위에 연결되어 있습니다.

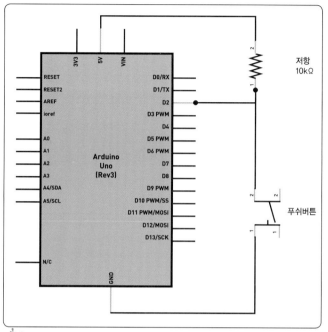

풀업 저항을 사용한 푸쉬 버튼 연결 그림

디버깅 체크

제대로 동작하지 않는다면, 다음 사항을 확인해 봅시다.

① 회로를 살펴봅시다. 푸쉬 버튼의 핀이 각각 아두이노 보드와 제대로 연결되었는지 확인합니다. 또한 브레드보드에 제대로 연결되었는지 확인합니다.

② 스케치를 살펴봅시다. 실제로 연결한 디지털 핀 번호를 핀 번호 변수에 제대로 할당했는지를 확인합니다.

푸쉬 버튼을 누르지 않으면 아두이노 보드의 5V에서 나온 전류가 디지털 2번으로 이동하여 HIGH 상태를 만들게 됩니다. 푸쉬 버튼을 누르면 전류는 GND로 이동하게 되어 디지털 2번은 LOW 상태가 됩니다. 저항 위치에 따라 푸쉬 버튼 동작 시 디지털 핀 상태를 표로 살펴보면 다음과 같습니다.

		디지털 핀 상태		
		사용 안함	풀다운 저항 연결	풀업 저항 연결
푸쉬 버튼	on	HIGH	HIGH	LOW
	off	플로팅 상태	LOW	HIGH

푸쉬 버튼, 기울기 센서 등 전류의 흐름을 제어하는 회로를 구성할 경우에는 플로팅 상태를 확인하여 풀다운 또는 풀업 저항을 사용해야 합니다. 풀다운 저항을 연결할 경우와 풀업 저항을 연결할 경우 디지털 핀의 상태가 반대가 됩니다. 이를 잘 확인하여 회로도와 코드를 작성해야 합니다.

코드 개선하기

이전 스케치를 실행하면 어떤 문제점이 있을까요? 푸쉬 버튼을 계속 누르고 있으면 시리얼 모니터에 'Push!'가 계속 출력됩니다. 한 번 누를 때 한 번만 글자가 출력되도록 스케치를 수정해 봅시다. 푸쉬 버튼을 한 번 누를 때 한 번만 글자가 출력되도록 하기 위해서는 푸쉬 버튼의 현재 상태와 이전 상태를 알고 있어야 합니다. 이전 상태와 현재 상태에 따라 시리얼 모니터에 무엇을 출력해야 하는지를 다음 표로 살펴봅시다.

현재 상태 ＼ 이전 상태	HIGH	LOW
HIGH	(아무것도 출력하지 않음)	Push On!
LOW	Push Off!	(아무것도 출력하지 않음)

푸쉬 버튼을 눌렀을 때, 이전 상태는 LOW, 현재 상태는 HIGH일 때 'Push on!'이 출력됩니다. 반대로 푸쉬 버튼을 눌렀다가 뗐을 때는 이전 상태가 HIGH, 현재 상태가 LOW일 때 'Push off!'가 출력됩니다. 이전 상태와 현재 상태가 모두 HIGH라면, 계속 눌러진 상태이고, 모두 LOW라면, 계속 누르지 않은 상태입니다. 이때는 아무것도 출력하지 않습니다. 회로는 이전 예제와 동일합니다.

완성된 회로도

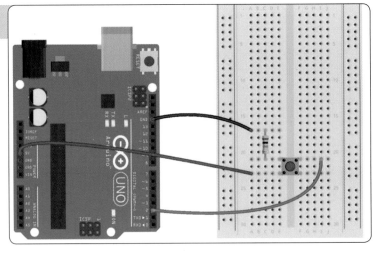

스케치 작성하기

1 컴퓨터에 아두이노 보드를 연결하고, 아두이노 소프트웨어에서 보드와 포트를 선택합니다.

2 아래 스케치를 작성합니다.

```
1    int buttonPin = 2;
2    boolean state = LOW;
3    boolean previousState = LOW;
4
5    void setup(){
6      pinMode(buttonPin, INPUT);
7      Serial.begin(9600);
8    }
9
10   void loop(){
11     previousState = state;
12     state = digitalRead(buttonPin);
13
14     if(previousState == LOW && state == HIGH){
15       Serial.println("Push On");
16     }else if(previousState == HIGH && state == LOW){
17       Serial.println("Push Off");
18     }
19     delay(20);
20   }
```

3 체크(V) 버튼을 눌러 스케치에 오타가 있는지 확인합니다.

4 업로드(→) 버튼을 눌러 컴파일된 파일을 아두이노 보드에 업로드합니다.

5 시리얼 모니터를 실행하고, 푸쉬 버튼을 눌러보면서 글자가 한번씩 출력되는지를 확인합니다.

스케치 살펴보기

❶ 변수 선언 부분입니다.

```
1    int buttonPin = 2;
2    boolean state = LOW;
3    boolean previousState = LOW;
```

푸쉬 버튼의 이전 상태와 현재 상태 값을 할당하기 위해 state 변수와 previousState 변수를 선언합니다.

❷ loop() 함수를 살펴봅시다.

```
10   void loop(){
11     previousState = state;
12     state = digitalRead(buttonPin);
13
14     if(previousState == LOW && state == HIGH){
15       Serial.println("Push On!");
16     }else if(previousState == HIGH && state == LOW){
17       Serial.println("Push Off!");
18     }
19     delay(20);
20   }
```

11번 줄에서는 현재 상태인 state 값을 이전 상태인 previousState 값으로 할당합니다. 12번 줄에서는 푸쉬 버튼의 상태를 digitalRead( )로 읽어서 현재 상태인 state에 할당합니다. 14번 줄에서는 푸쉬 버튼의 이전 상태가 LOW면서 현재 상태가 HIGH인지를 확인합니다. 그렇다면 15번 줄에서 'Push On!'을 시리얼 모니터에 출력합니다.

16번 줄에서 푸쉬 버튼의 이전 상태가 HIGH면서 현재 상태가 LOW인지를 확인합니다. 그렇다면 17번 줄에서 'Push Off!'를 시리얼 모니터에 출력합니다.

푸쉬 버튼으로 LED 깜박이기

준비물 : 아두이노 보드×1, 브레드보드×1, USB 케이블×1, 푸쉬 버튼×1,
 저항(10K옴)×1, 점퍼선×5, LED×1, 저항(220옴)×1

이번에는 푸쉬 버튼을 누르면 LED가 켜지도록 만들어 봅시다. 다음과 같이 회로를 구
성하고, 스케치를 작성하여 원하는 결과가 나오도록 동작시켜 봅시다.

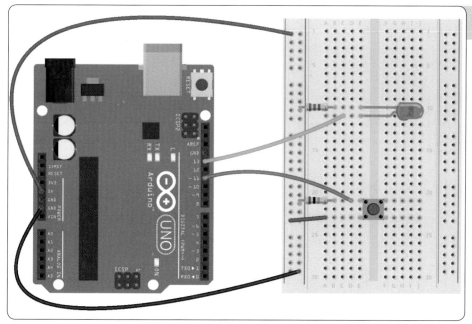

완성된 회로도

회로 구성하기

1 아두이노 보드의 5V와 GND를 브레드보드 +와 − 전원 영역에 각각 연결합니다. 아두이노 보드의 5V 는 브레드보드의 전원 영역에 있는 +와 빨간색 선으로 연결합니다. 아두이노 보드의 GND는 브레드보드의 −와 검은색 선으로 연결합니다.

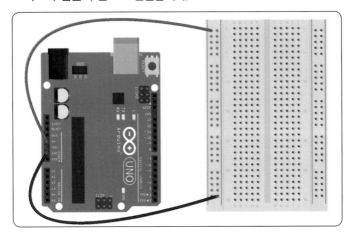

2 브레드보드에 푸쉬 버튼을 연결한 후, 왼쪽 위에 있는 핀을 10k옴 저항을 이용하여 브레드보드의 −선에 연결합니다. 그 사이에 점퍼선을 이용하여 아두이노 보드의 디지털 11번 핀에 연결합니다. 왼쪽 아래에 있는 핀은 점퍼선을 이용하여 브레드보드의 +선에 연결합니다.

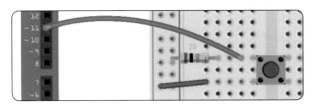

3 이번에는 브레드보드에 LED를 연결한 후, LED 핀이 짧은 쪽(−)에는 220옴 저항을 이용하여 브레드보드의 −선에 연결합니다. LED 핀이 긴 쪽(+)과 아두이노 보드의 13번을 점퍼선으로 연결합니다.

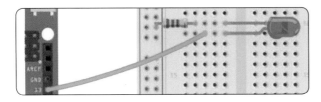

동작 과정 생각하기

1 아두이노 보드의 핀 모드를 설정해야 합니다. 핀 모드에 따라 어떤 핀을 입력으로 사용할지, 출력으로 사용할지 결정하게 됩니다. 우리가 사용할 부품은 디지털 11번 핀에 연결된 푸쉬 버튼과 디지털 13번 핀에 연결된 LED입니다. 즉, 11번 핀은 입력 모드가 되어야 하고, 13번 핀은 출력 모드가 되어야 합니다.

2 이제 동작 과정을 생각해 봅시다. 버튼을 누르면 LED에 불이 들어와야 합니다. 아두이노 보드가 계속해서 버튼이 눌러졌는지를 확인해서 버튼이 눌러졌다면 LED를 켜고, 버튼이 눌러지지 않았다면 LED를 꺼야 합니다.

이 과정을 순서도로 표현하면 다음과 같습니다.

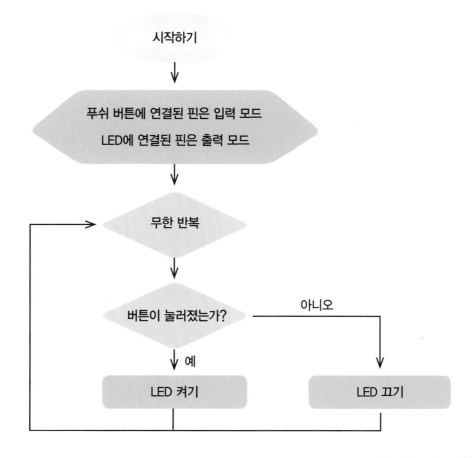

스케치 작성하기

1 컴퓨터에 아두이노 보드를 연결하고, 아두이노 소프트웨어에서 보드와 포트를 선택합니다.

2 아래 스케치를 작성합니다.

```
1    int buttonPin = 11;
2    int ledPin = 13;
3
4    void setup() {
5      pinMode(buttonPin, INPUT);
6      pinMode(ledPin, OUTPUT);
7    }
8
9    void loop() {
10   int buttonState = digitalRead(buttonPin);
11
12     if(buttonState == HIGH) {
13       digitalWrite(ledPin, HIGH);
14     } else {
15       digitalWrite(ledPin, LOW);
16     }
17     delay(10);
18   }
```

3 체크(V) 버튼을 눌러 스케치에 오타가 있는지 확인합니다.

4 업로드(→) 버튼을 눌러 컴파일된 파일을 아두이노 보드에 업로드합니다.

5 푸쉬 버튼을 눌렀을 때만 LED에 불이 들어오는지 확인합니다.

스케치 살펴보기

❶ 변수 선언 부분입니다.

```
1    int buttonPin = 11;
2    int ledPin = 13;
```

buttonPin 변수에는 푸쉬 버튼에 연결할 디지털 11번 핀 번호를 할당하고, outputPin 변수에는 LED에 연결할 디지털 13번 핀 번호를 할당합니다.

❷ setup()함수를 살펴봅시다.

```
4    void setup() {
5      pinMode(buttonPin, INPUT);
6      pinMode(ledPin, OUTPUT);
7    }
```

setup( ) 함수에는 buttonPin 번호를 입력 모드(INPUT)로, ledPin 번호를 출력 모드(OUTPUT)로 설정합니다. 핀 모드를 설정해야 아두이노 보드의 해당 디지털 핀을 사용할 수 있습니다.

❸ loop( ) 함수를 살펴봅시다.

```
9    void loop() {
10     int buttonState = digitalRead(buttonPin);
11
12     if(buttonState == HIGH) {
13       digitalWrite(ledPin, HIGH);
14   } else {
15       digitalWrite(ledPin, LOW);
16     }
17     delay(10);
18   }
```

디버깅 체크

버튼을 눌러도 LED가 제대로 동작하지 않는다면, 회로와 스케치를 확인해 봅시다.

① 회로를 살펴봅시다. LED 핀은 극성이 존재하므로 +와 −를 정확하게 연결해야 합니다. 푸쉬 버튼의 연결 상태도 확인해 봅니다.

② 스케치를 살펴봅시다. 오타를 확인하고, 푸쉬 버튼의 상태가 제대로 인식되는지 시리얼 모니터를 통해 inputState 변수의 값을 확인해 봅니다.

setup( ) 함수에는 buttonPin 번호를 입력 모드(INPUT)로, ledPin 번호를 출력 모드(OUTPUT)로 설정합니다. 핀 모드를 설정해야 아두이노 보드의 해당 디지털 핀을 사용할 수 있습니다.

 int는 숫자를 할당하는 변수라고 했는데 HIGH가 할당되나요?

HIGH는 아두이노 프로그래밍 언어에서 미리 정의한 상수입니다. 상수란 변하지 않는 값입니다. HIGH는 1로 이미 할당되어 있는 상수입니다. 따라서 우리가 보기에는 HIGH가 문자로 보이지만, 실제로는 숫자인 1로 할당됩니다. LOW는 반대로 0을 할당한 상수입니다. 그럼 왜 이렇게 사용할까요? 이유는 0과 1로 표시하는 것 보다 HIGH, LOW로 표현하는 것이 사람이 이해하기 더 쉽기 때문입니다. 아두이노에서 HIGH는 1이자 전기를 출력하거나 입력하는 상태를 의미하고, LOW는 0 이자 전기가 출력하지 않거나 입력하지 않은 상태를 의미합니다.

 Check? Check!

1 이전 코드에서 푸쉬 버튼을 누르면 LED를 끄고, 버튼을 누르지 않으면 계속 LED가 켜지도록 코드를 변경해 봅시다.

2 다음 설명을 읽고 O, X를 표시하세요.

  1) 아두이노 보드의 디지털 핀에서 입력 받는 전압의 크기를 알 수 없는 상태를 플로팅 상태라고 한다. (　　)

  2) 아두이노 보드에 푸쉬 버튼을 연결할 때, 저항의 연결 위치에 따라 풀업 저항과 풀 다운 저항을 사용할 수 있다. (　　)

 # Python Coding

파이썬으로 푸쉬 버튼을 누르면 LED가 켜지는 코드를 작성해 봅시다. 필요한 준비물과
회로도는 다음과 같습니다.

준비물 : 아두이노 보드×1, 브레드보드×1, USB 케이블×1, 푸쉬 버튼×1,
저항 (10K옴)×1, 점퍼선×5, LED×1, 저항(220옴)×1

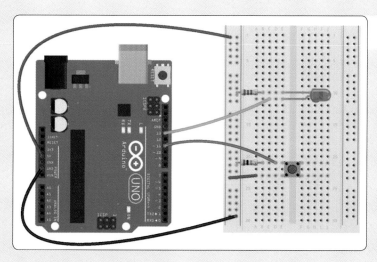

완성된 회로도

컴퓨터에 아두이노 보드를 연결한 뒤, 파이썬 IDE를 실행하여 다음 코드를 작성해 봅시다.

```
1    from Arduino import Arduino
2    import time
3
4    ledPin = 13
5    buttonPin = 11
6
7    board = Arduino("9600", port="COM3")
8    board.pinMode(ledPin, "OUTPUT")
9    board.pinMode(buttonPin, "INPUT")
10
```

Python Coding

```
11   while True:
12       buttonState = board.digitalRead(buttonPin)
13       if buttonState:
14           board.digitalWrite(ledPin, "HIGH")
15           print "Push!!"
16       else:
17           board.digitalWrite(ledPin, "LOW")
18       time.sleep(0.01)
```

코드를 자세히 살펴봅시다. 먼저 설정 부분입니다.

```
1    from Arduino import Arduino
2    import time
3
4    ledPin = 13
5    buttonPin = 11
6
7    board = Arduino("9600", port="COM3")
8    board.pinMode(ledPin, "OUTPUT")
9    board.pinMode(buttonPin, "INPUT")
```

1~2번은 코드에서 사용할 라이브러리를 불러옵니다. 4~5번은 2개의 변수를 정의합니다. 7~9번은 아두이노 보드의 통신 속도와 포트를 설정하고, 13번 핀은 출력으로 11번 핀은 입력 모드로 설정합니다.

반복 동작하는 부분입니다.

```
11   while True:
12       buttonState = board.digitalRead(buttonPin)
13       if buttonState:
14           board.digitalWrite(ledPin, "HIGH")
```

```
15          print "Push!!"
16      else:
17          board.digitalWrite(ledPin, "LOW")
18      time.sleep(0.01)
```

12번 줄에서 버튼 핀인 디지털 11번의 입력 값을 저장하여, 13번에서 이 값이 1이면(조건식에서 참이면, 버튼을 누르면) 14번 줄에서 LED에 불을 켜고, 15번에서 화면에 'Push!!'를 출력합니다. 버튼 입력 값이 0이면(조건식에서 거짓이면, 버튼을 누르지 않으면) 17번 줄에서 LED의 불을 끄게 됩니다. 그리고 0.01초 동안 기다린 후, 다시 12번 줄부터 실행됩니다.

파이썬 코드에서 사용한 명령어를 살펴봅시다.

Arduino.digitalRead(pin_number)

특정 핀에서 측정되는 값을 읽어 온다.

Check? Check!

1 이전 코드에서 푸쉬 버튼을 누르면 LED를 끄고, 버튼을 누르지 않으면 계속 LED가 켜지도록 코드를 변경해 봅시다.

2 이전 회로도에서 LED 1개를 추가하여, 버튼을 누르면 첫 번째 LED가 켜지고, 버튼을 누르지 않으면 두 번째 LED가 켜지도록 회로도와 코드를 수정해 봅시다.

Hint

각 부품에 연결된 핀 번호는 다음과 같습니다.

ledPin1 = 13
ledPin2 = 11
buttonPin = 3

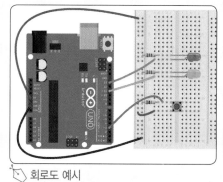

회로도 예시

기울기 센서 제어하기

이번 활동은 기울기 센서를 다룹니다. 기울기 센서를 이용하여 회로를 연결하고 코드를 작성하는 방법을 배워봅시다. 그리고 기울기 센서로 LED를 제어하는 방법을 배워봅시다.

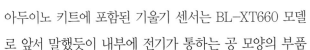
기울기 센서 살펴보기

기울기 센서(Tilt Sensor)는 기울기 정도에 따라 끊어지거나 연결되는 여부가 결정되는 센서입니다. 기울기 센서 내부에는 전기가 통한 구체를 이용하여 회로가 연결되거나 연결되지 않도록 하여 움직임을 감지합니다.
아두이노 키트에 포함된 기울기 센서는 BL-XT660 모델로 앞서 말했듯이 내부에 전기가 통하는 공 모양의 부품

🖎 기울기 센서

이번 예제에서 사용하는 기울기 센서는 정확하게는 기울기 스위치를 말합니다. 기울기 스위치는 기울기 정도에 따라 회로가 연결하거나(on) 연결하지 않는(off) 상태로 구분합니다. 내부에 전도성 도체 등을 이용하여 회를 연결하거나 끊습니다. 많이 사용되는 기울기 스위치로 SW-200D가 있습니다. 반면 기울기 센서는 기울어진 각도를 측정하는 센서입니다. 내부에 전도성 액체를 담고 기울어진 정도를 측정합니다. 기울기 센서인 SAI 센서인 경우 -60도 ~ +60도 사이의 각도를 측정할 수 있습니다. 하지만 아두이노 스타터 키트에는 기울기 센서로 사용하고 있어 우리는 기울기 센서로 사용합니다.

이 들어 있으며, 외부로 4개의 핀이 나와 있습니다. 기울기 센서를 흔들어 보면 딸깍하고 공이 부딪히는 소리가 들립니다.

기울기 센서는 센서 내부에 있는 공이 4개의 핀과 모두 연결되어 있으면 전기가 통하게 되고, 45도 이상 기울어지면 공이 4개의 핀에서 떨어지게 되어 전기가 통하지 않습니다.

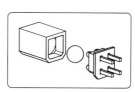

기울기 센서 내부

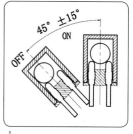

기울기 센서 동작 원리

기울기 센서가 측정한 값 확인하기

준비물 : 아두이노 보드×1, 브레드보드×1, USB 케이블×1, 기울기 센서×1, 저항(10K옴)×1, 점퍼선×4

기울어지면 전기가 통하고, 기울어지지 않으면 전기가 통하지 않는 기울기 센서의 동작 원리를 이용하여 부품이 기울어졌는지를 확인합니다. 기울기 센서를 이용하여 기울어졌는지 여부를 시리얼 모니터에서 출력해 봅시다.

완성된 회로도

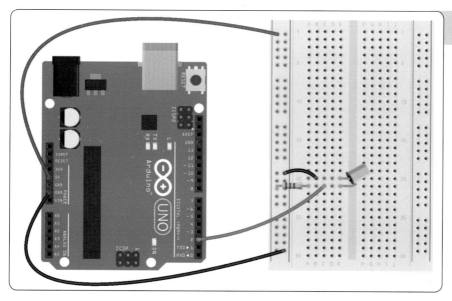

회로 구성하기

1 아두이노 보드의 5V와 GND를 브레드보드 전원 영역에 각각 연결합니다.

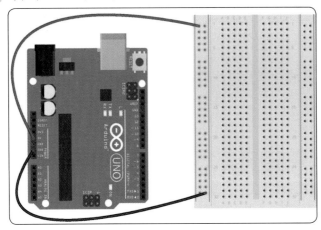

2 브레드보드에 기울기 센서를 연결합니다. 핀이 4개이므로 브레드보드의 한 줄에 2개씩 연결되도록 합니다. (※ 아래 그림에서는 핀 1개로 보이지만 핀 2개라고 생각하면 됩니다.)

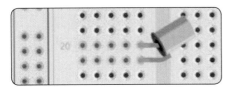

3 기울기 센서의 아래쪽 핀에 10k옴 저항을 이용하여 브레드보드 전원 영역의 +선과 연결합니다. 그 사이에 파란색 점퍼선으로 아두이노 보드의 디지털 2번과 연결합니다.

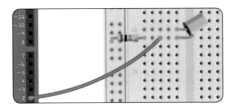

4 기울기 센서의 위쪽 핀과 브레드보드 전원 영역의 −선을 검정색 점퍼선으로 연결합니다.

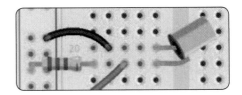

이 회로도는 풀업 저항을 사용합니다. 풀업 저항을 사용하면 센서가 기울어졌을 때, 디지털 2번 핀에서 5V를 입력 받아서 HIGH 상태가 됩니다. 기울기 센서가 스위치 역할을 하므로 푸쉬 버튼과 비교하면서 이해해 보면, 기울기 센서가 기울어진 상태는 전기가 통하지 않는 상태가 되므로 푸쉬 버튼을 누르지 않은 것과 동일합니다.

아래 그림을 보면, 아두이노의 5V에 10k옴 저항이 연결되어 있고 그 밑에 기울기 센서가 연결되어 있습니다. 저항과 기울기 센서 사이에 디지털 2번 핀이 연결되어 있습니다. 기울기 센서는 아두이노 보드의 GND에 연결되어 있습니다. 기울기 센서가 기울어져서 회로 연결이 끊어지면 5V에서 나온 전압은 저항을 지나 디지털 2번 핀으로 흘러들어 가서 디지털 2번의 상태가 HIGH가 됩니다. 기울기 센서가 기울어지지 않아서 회로가 연결되어 있다면 5V에서 나온 전압은 저항과 기울기 센서를 지나 GND로 흘러들어 가게 되고, 디지털 2번 핀에는 전압이 거의 들어오지 않아 LOW 상태가 됩니다.

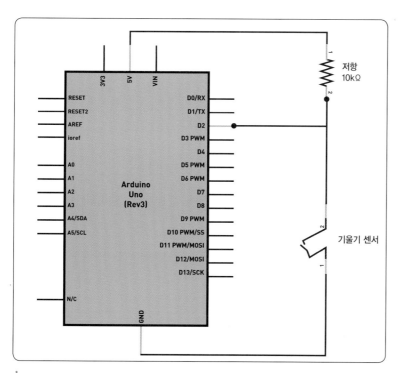

풀업 저항을 이용한 기울기 센서 연결 그림

스케치 작성하기

1️⃣ 컴퓨터에 아두이노 보드를 연결하고, 아두이노 소프트웨어에서 보드와 포트를 선택합니다.

2️⃣ 아래 스케치를 작성합니다.

```
1   int tiltPin = 2;
2
3   void setup(){
4     pinMode(tiltPin, INPUT);
5     Serial.begin(9600);
6   }
7
8   void loop(){
9     if(digitalRead(tiltPin) == HIGH){
10      Serial.println("tilt!");
11    } else {
12      Serial.println("not tilt!");
13    }
14    delay(10);
15  }
```

3️⃣ 체크(V) 버튼을 눌러 스케치에 오타가 있는지 확인합니다.

4️⃣ 업로드(→) 버튼을 눌러 컴파일된 파일을 아두이노 보드에 업로드합니다.

5️⃣ 시리얼 모니터를 열고, 기울어 졌을 때와 기울어지지 않았을 때 문자열이 출력되는지를 확인합니다.

스케치 살펴보기

❶ 변수 선언 및 setup()함수를 살펴봅시다.

```
1   int tiltPin = 2;
2
```

```
3    void setup(){
4      pinMode(tiltPin, INPUT);
5      Serial.begin(9600);
6    }
```

1번 줄에서 tiltPin 변수에 2를 할당합니다. 이는 기울기 센서를 디지털 2번 핀에 연결하기 위해 사용합니다. 기울기 센서를 다른 디지털 핀 번호에 연결한다면 2 대신 변경한 핀 번호를 입력하면 됩니다.

4번 줄에서 아두이노의 디지털 2번 핀을 입력 핀으로 설정합니다. 5번 줄에서 9600의 통신 속도로 시리얼 모니터를 시작합니다.

❷ loop()함수를 살펴봅시다.

```
8    void loop(){
9      if(digitalRead(tiltPin) == HIGH){
10       Serial.println("tilt!");
11     } else {
12       Serial.println("not tilt!");
13     }
14     delay(10);
15   }
```

9번 줄에서 디지털 2번 핀에 입력된 값을 확인합니다. 만약 기울기 센서가 기울어졌다면, 연결이 끊어져서 디지털 2번 핀에 전압이 가해지므로 HIGH로 인식하게 됩니다. 10번 줄에 있는 'tilt!'를 시리얼 모니터에 출력하고, 기울어지지 않았다면, 12번 줄에서 'not tilt!'를 출력합니다.

🔧 디버깅 체크

제대로 동작하지 않는다면, 회로와 스케치를 확인해 봅시다.

① 회로를 살펴봅시다. 기울기 센서와 연결하는 핀이 각각 브레드보드의 전원 영역에 제대로 연결되었는지 확인합니다. 기울기 센서와 + 극에 연결된 저항 사이에 점퍼선 연결을 했는지도 확인합니다.

② 스케치를 살펴봅시다. 실제로 연결한 디지털 핀 번호를 핀 번호 변수에 동일하게 할당했는지를 확인합니다. 시리얼 모니터의 통신 속도를 코드와 시리얼 모니터 창에서 모두 9600으로 동일하게 설정했는지도 확인합니다.

기울기 센서로 LED 켜보기

준비물 : 🔲 아두이노 보드×1, ▦ 브레드보드×1, 🔌 USB 케이블×1, 📐 기울기 센서×1,
💡 LED×1, ▬ 저항(220k옴)×1, ▬ 저항(10k옴)×1, 〰 점퍼선×5

기울기 센서로 LED를 제어하는 방법을 배워봅시다. 기울기 센서가 기울어졌을 때,
LED에 불이 들어오도록 합니다.

완성된 회로도

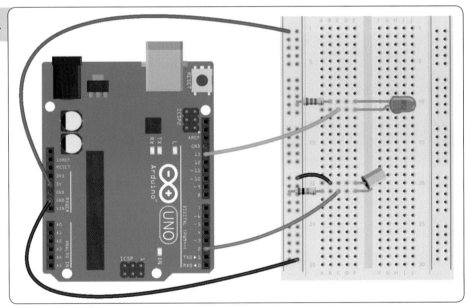

회로 구성하기

1 아두이노 보드의 5V와 GND를 브레드보드 전원 영역에 각각 연결합니다.

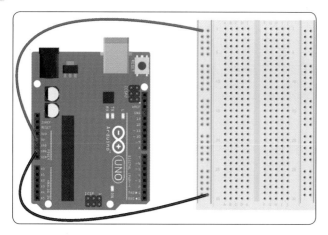

2 브레드보드에 기울기 센서를 연결한 후, 기울기 센서의 위쪽 핀과 브레드보드의 −선을 검은색 점퍼선으로 연결합니다. 기울기 센서의 아래쪽 핀과 브레드보드의 +선을 10k옴 저항을 이용하여 연결합니다. 그 사이에 파란색 점퍼선으로 아두이노 보드의 디지털 2번에 연결합니다.

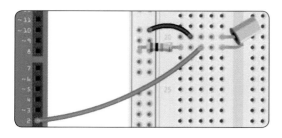

3 브레드보드에 LED를 연결한 후, LED 핀이 짧은 쪽과 브레드보드의 −선을 220k옴 저항을 이용하여 연결합니다. LED 핀이 긴 쪽과 아두이노 보드의 디지털 13번을 점퍼선으로 연결합니다.

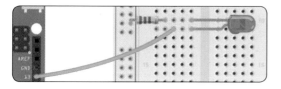

동작 과정 생각하기

1 아두이노 보드의 핀 모드를 설정해야 합니다. 핀 모드에 따라 어떤 핀을 입력으로 사용할지, 출력으로 사용할지를 결정하게 됩니다. 우리는 디지털 2번에 연결한 기울기 센서와 디지털 13번에 연결한 LED를 사용합니다. 즉, 디지털 2번은 입력 모드, 디지털 13번은 출력 모드가 되어야 합니다.

2 기울기 센서가 기울어지면 LED에 불이 들어와야 합니다. 아두이노 보드는 기울기 센서가 기울어졌는지를 계속 확인하면서, 기울기 센서가 기울어지면 LED를 켜고, 기울어지지 않았다면 LED를 끄도록 합니다. 이 과정을 순서도로 표현하면 다음과 같습니다.

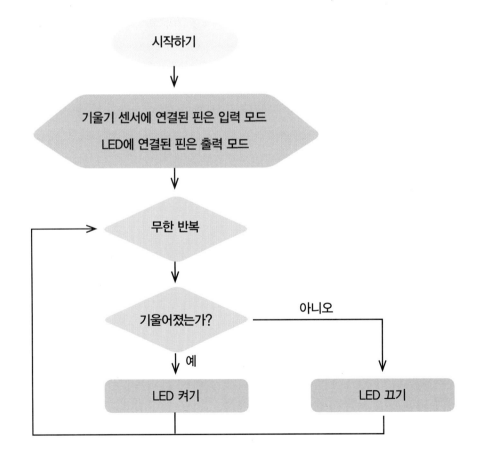

스케치 작성하기

1 컴퓨터에 아두이노 보드를 연결하고, 아두이노 소프트웨어에서 보드와 포트를 선택합니다.

2 아래 스케치를 작성합니다.

```
1    int tiltPin = 2;
2    int ledPin = 13;
3
4    void setup() {
5      pinMode(tiltPin, INPUT);
6      pinMode(ledPin, OUTPUT);
7    }
8
9    void loop() {
10     int tiltState = digitalRead(tiltPin);
11
12     if(tiltState == HIGH) {
13       digitalWrite(ledPin, HIGH);
14     } else {
15       digitalWrite(ledPin, LOW);
16     }
17     delay(10);
18   }
```

3 체크(V) 버튼을 눌러 스케치에 오타가 있는지 확인합니다.

4 업로드(→) 버튼을 눌러 컴파일된 파일을 아두이노 보드에 업로드합니다.

5 기울어졌을 때 LED에 불이 들어오는지 확인합니다.

스케치 살펴보기

❶ 변수 선언 부분입니다.

```
1    int tiltPin = 11;
2    int ledPin = 13;
```

tiltPin과 ledPin 변수를 정의하고 tiltPin 변수에는 11을 ledPin 변수에는 13이라는 숫자를 할당합니다.

❷ setup( ) 함수를 살펴봅시다.

```
1    void setup() {
2      pinMode(tiltPin, INPUT);
3      pinMode(ledPin, OUTPUT);
4    }
```

setup( ) 함수에는 tiltPin 번호를 입력 모드(INPUT)로, ledPin 번호를 출력 모드 (OUTPUT)로 설정합니다. 핀 모드를 설정해야 아두이노 보드의 해당 디지털 핀을 사용할 수 있습니다.

❸ loop( ) 함수를 살펴봅시다.

```
9    void loop() {
10     int tiltState = digitalRead(tiltPin);
11
12     if(tiltState == HIGH) {
13       digitalWrite(ledPin, HIGH);
14     } else {
15       digitalWrite(ledPin, LOW);
16     }
17     delay(10);
18   }
```

10번 줄에 버튼의 상태를 할당할 수 있는 tiltState 변수를 선언합니다. 그리고 기울기 센서의 상태를 확인하여 기울어졌으면 HIGH, 그렇지 않다면 LOW 값을

digitalRead( )가 제공합니다. 이 값을 tiltState 변수에 할당합니다. 12번 줄에서 tiltState 변수 값이 HIGH이면 13번 줄에 있는 코드를 실행합니다. 13번 줄은 ledPin 인 13번에 전기를 공급(HIGH)합니다. inputState 변수에 할당된 값이 HIGH가 아니 라면, 15번 줄에 있는 코드를 실행합니다. 15번 줄은 13번 핀에 전기를 공급하지 않도 록(LOW) 합니다.

🔧 디버깅 체크

기울기 센서를 기울여도 LED가 켜지지 않는다면, 회로와 스케치를 확인해 봅시다.

① 회로를 살펴봅시다. LED 핀은 극성이 존재하므로 +와 −를 정확하게 연결해야 합니다. 기울기 센서가 풀업 저항으로 아두이노 보드에 연결되어 있는지를 확인합니다.

② 스케치를 살펴봅시다. 핀 번호를 할당한 변수에 핀 번호가 제대로 할당되었는지 확인합니다. 기울기 센서의 상태가 제대로 인식되는지 시리얼 모니터를 통해 변수 값을 직접 출력해서 확인해 봅시다.

Check? Check!

1 기울기 센서 1개를 이용하여 다음 조건에 맞는 회로 및 코드를 만들어 봅시다.

조건

1) 기울기 센서가 기울어지면 시리얼 모니터에 'tilt!' 출력합니다.
2) 기울기 센서가 기울어지지 않으면 시리얼 모니터에 'not tilt!' 출력합니다.
3) 풀다운 저항으로 회로 연결합니다.

2 기울기 센서 1개와 LED 2개를 이용하여, 다음 조건에 맞는 회로 및 코드를 만들어 봅시다.

조건

	1번 LED	2번 LED
기울어지면	켜기	끄기
기울어지지 않으면	끄기	켜기

Python Coding

파이썬으로 기울기 센서와 LED를 제어하는 코드를 작성해 봅시다. 필요한 준비물과 회로도는 다음과 같습니다.

준비물 : 아두이노 보드×1, 브레드보드×1, USB 케이블×1, 기울기 센서×1, LED×1, 저항(220k옴)×1, 저항(10k옴)×1, 점퍼선×5

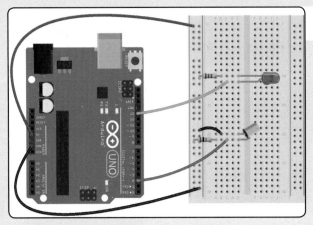

완성된 회로도

컴퓨터에 아두이노 보드를 연결한 뒤, 파이썬 IDE를 실행하여 다음 코드를 작성해 봅시다.

```python
1    from Arduino import Arduino
2    import time
3
4    tiltPin = 2
5    ledPin = 13
6
7    board = Arduino("9600", port="COM3")
8    board.pinMode(ledPin, "OUTPUT")
9    board.pinMode(tiltPin, "INPUT")
10
11   while True:
12       tiltState = board.digitalRead(tiltPin)
13       if tiltState:
```

```
14          board.digitalWrite(ledPin, "HIGH")
15          print "Tilt!!"
16      else:
17          board.digitalWrite(ledPin, "LOW")
18      time.sleep(0.01)
```

코드를 자세히 살펴봅시다. 먼저 설정 부분입니다.

```
1   from Arduino import Arduino
2   import time
3
4   tiltPin = 11
5   ledPin = 13
6
7   board = Arduino("9600", port="COM3")
8   board.pinMode(tiltPin, "INPUT")
9   board.pinMode(ledPin, "OUTPUT")
```

1~2번 줄은 코드에서 사용할 라이브러리를 불러옵니다. 4~5번 줄은 2개의 변수를 정의합니다. 7~9번 줄은 아두이노 보드의 통신 속도와 포트를 설정하고, 2번 핀은 입력으로 13번 핀은 출력 모드로 설정합니다.

반복 동작하는 부분입니다.

```
1   while True:
2       tiltState = board.digitalRead(tiltPin)
3       if tiltState:
4           board.digitalWrite(ledPin, "HIGH")
5           print "Tilt!!"
6       else:
7           board.digitalWrite(ledPin, "LOW")
8       time.sleep(0.01)
```

Python Coding

12번 줄에서 기울기 센서가 연결된 디지털 2번 핀의 입력 값을 저장하여, 13번에서 이 값이 1이면(조건식에서 참이면, 기울어지면) 14번 줄에서 LED에 불을 켜고, 15번에서 화면에 'Tilt!!' 를 출력합니다.

기울기 센서의 입력 값이 0이면(조건식에서 거짓이면, 기울어지지 않으면) 17번 줄에서 LED의 불을 끄게 됩니다. 그리고 0.01초 동안 기다린 뒤 다시 12번 줄부터 실행됩니다.

Check? Check!

■ 기울기 센서 2개와 LED 1개를 이용하여, 다음 조건에 맞는 회로 및 코드를 만들어 봅시다.

조건

    1) 2개의 기울기 센서가 모두 기울어졌을 때, LED를 켜기
    2) 2개 중 1개의 기울기 센서만 기울어졌거나, 모든 기울기 센서가 기울어지지 않으면 LED 끄기

Hint

    if 문을 여러 개 사용하거나, 하나의 if 문에서 여러 개의 조건식을 사용할 수 있습니다.
    하나의 if 문에서 여러 개의 조건식을 사용할 경우, 조건식들을 판단하는 연산자 종류는 다음과 같습니다.
        A or B : A 또는 B 중 하나만 참이면 참
        A and B : A 와 B 모두 참이어야 참
        not A : A가 거짓이면 참

    다음과 같이 코드를 작성할 수 있습니다.

```
1    if tiltState1 and tiltState2:
2        ....
```

Chapter 08 Arduino

LED를 제어하는 또 다른 방법

이전 예제에서는 LED를 켜거나 끄는 방법을 배웠습니다. 이번에는 LED의 밝기를 조절하는 방법을 배워봅시다. 아두이노 보드에서 제공하는 PWM 기능과 아날로그 출력 코드를 이용하여 LED의 밝기를 조절해 봅시다.

LED를 숨 쉬듯이 깜박이기

준비물 : 아두이노 보드×1, 브레드보드×1, USB 케이블×1, LED×1, 저항(220옴)×1, 점퍼선×2

LED가 서서히 켜졌다가 꺼지도록 하여 마치 숨 쉬는 것처럼 표현해 봅시다. 회로도를 따라 회로를 구성하고, 아두이노 스케치를 작성하여 동작시켜 봅시다.

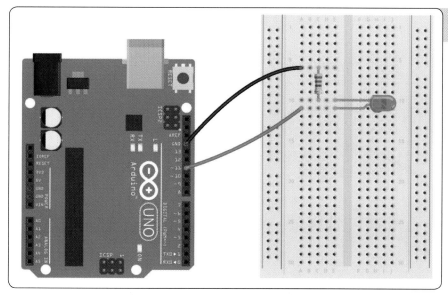

완성된 회로도

회로 구성하기

1 브레드보드에 LED 1개를 연결합니다.

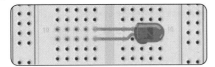

2 LED −핀(짧은 쪽)과 220옴 저항 1개를 연결합니다.

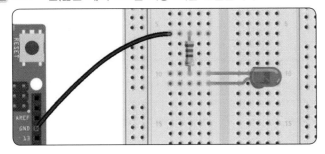

3 저항의 다른 한 쪽과 아두이노 보드의 GND를 검은색 점퍼선으로 연결합니다.

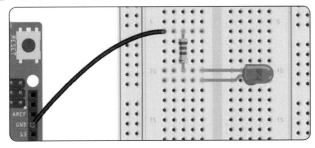

4 LED +핀(긴 쪽)은과 아두이노 보드의 디지털 11번을 파란색 점퍼선으로 연결합니다.

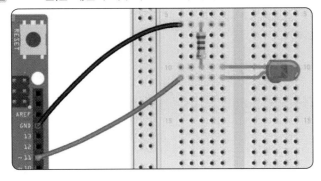

스케치 살펴보기

1 컴퓨터에 아두이노 보드를 연결하고, 아두이노 소프트웨어에서 보드와 포트를 선택합니다.

2 아래 스케치를 작성합니다.

```
1   int ledPin = 11;
2   int brightness = 0;
3   int increment = 0;
4
5   void setup(){
6   }
7
8   void loop(){
9     if(brightness >= 255){
10      increment = -1;
11    } else if(brightness <= 0){
12      increment = 1;
13    }
14    brightness = brightness + increment;
15    analogWrite(ledPin, brightness);
16    delay(50);
17  }
```

3 체크(V) 버튼을 눌러 스케치에 오타가 있는지 확인합니다.

4 업로드(→) 버튼을 눌러 컴파일된 파일을 아두이노 보드에 업로드합니다.

 숨 쉬듯 깜박이는게 한다는 게 무슨 뜻인가요?

아두이노 보드에 연결한 LED의 밝기를 여러 단계로 구분하여 사용할 수 있습니다. 아두이노 보드에서는 전류가 흐르지 않는 상태인 0부터 가장 밝은 255까지 총 256단계를 사용할 수 있습니다. 즉, LED의 밝기 단계를 0부터 255 사이 중 하나로 선택하고 이 단계를 증가시키거나 감소시키게 하여 LED의 밝기가 마치 숨 쉬듯이 깜박이도록 조절할 수 있습니다.

스케치 살펴보기

❶ 변수 선언 부분입니다.

```
1    int ledPin = 11;
2    int brightness = 0;
3    int increment = 0;
```

ledPin 변수에는 LED를 연결할 디지털 핀 번호를 할당합니다. PWM 기능을 지원하는 11번을 사용합니다. brightness 변수는 LED의 밝기 값을 할당할 변수입니다. increment 변수는 LED 밝기를 조절하도록 brightness 값을 증가 또는 감소하기 위한 변수입니다.

❷ setup( ) 함수를 살펴봅시다.

```
5    void setup(){
6    }
```

PWM 기능은 analogWrite( ) 로 사용할 수 있습니다. analogWrite( ) 명령어는 핀 모드 설정 없이 사용할 수 있습니다.

❸ loop( ) 함수를 살펴봅시다.

```
8    void loop(){
9      if(brightness >= 255){
10       increment = -1;
11     } else if(brightness <= 0){
12       increment = 1;
13     }
14     brightness = brightness + increment;
15     analogWrite(ledPin, brightness);
16     delay(10);
17   }
```

9번부터 14번 줄까지는 LED 밝기를 조절하는 코드입니다. 9번 줄에서 brightness 변수 값이 255보다 크면 increment 변수에 –1을 할당하고, 11번 줄에서 brightness 변수 값이 0보다 작으면 increment 변수에 1을 할당합니다. 14번 줄에서 brightness 변수에 이전 brightness 값에서 increment 값을 더합니다. 수정된 brightness 변수 값을 LED의 밝기 값으로 사용합니다. 16번 줄에서 0.01초간 기다립니다.

아두이노 보드의 디지털 핀은 기본적인 출력 기능으로 전기를 주지 않거나(0 또는 LOW) 전기를 주는(1 또는 HIGH) 상태인 2단계를 제공합니다. 그러나 PWM 기능을 지원하는 디지털 핀들은 0과 1 사이에 여러 단계로 구분할 수 있는 기능을 제공합니다. 즉, LED의 밝기를 결정하는 변수(brightness)와 밝기 값을 증가하거나 감소시키는 변수(increment)를 사용합니다. LED의 밝기는 0부터 255사이의 값을 가질 수 있습니다. LED 밝기 값이 255보다 작을 동안은 계속해서 증가시켜야 합니다. 그러다가 255를 넘어서게 되면 0이 되기 전까지 감소시켜야 합니다. LED 밝기 값이 0보다 작아지면 다시 증가시켜야 합니다.

PWM은 무슨 기능인가요?

PWM 은 Pulse Width Modulation 의 약자로, 주기 폭 변조입니다. 디지털 신호는 0V와 5V의 전압으로 구분하며, 일정 시간 간격인 주기로 나눌 수 있습니다. 그리고 각 주기별로 가장 높은 전압 구간과 가장 낮은 전압 구간이 존재합니다. PWM 은 각 주기별로 가장 높은 전압 구간의 비율을 조절하여 마치 아날로그처럼 여러 개의 신호로 만들어 주는 출력 방법입니다.

아두이노는 PWM 기능으로 0V 또는 5V를 0부터 255까지 256의 신호로 구분할 수 있습니다. 이 그래프는 5V와 0V 사이에 각 주기별로 가장 높은 전압 구간의 비율을 0%, 25%, 50%, 75%로 하였을 때 각각 아날로그 값 0, 64, 127, 191을 나타냅니다.

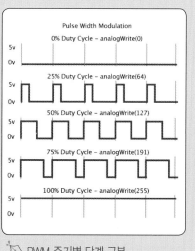

PWM 주기별 단계 구분

코드 개선하기

동일한 동작을 수행하는 코드가 반드시 하나만 있는 것은 아닙니다. 다양한 방법을 이용하여 동일한 동작을 수행하는 스케치를 만들 수 있습니다. 앞서 익힌 예제의 LED 1개가 숨 쉬듯이 깜박이게 하는 코드를 for문을 이용하여 동일하게 동작하도록 코드를 수정해 봅시다.

 for문은 무엇인가요?

for문은 반복문입니다. 반복문이란 반복적으로 동작해야 하는 명령어들을 모아서 반복 조건을 설정하여 동작시키는 코드 구조입니다. for() 안에는 초기 설정, 조건식, 증감식 이렇게 3가지 정보가 포함됩니다.

for() 문을 이용하여 0부터 10까지 숫자를 화면에 출력하는 코드를 다음과 같이 작성할 수 있습니다.

```
for(int i = 0; i < 11; i++){
  println(i);
}
```

초기 설정은 int i = 0 입니다. 조건에 사용될 변수 i를 선언하고 초기값으로 0을 할당합니다.

조건식은 i < 11입니다. 변수 i 값이 11보다 작다면 for 문 안에 있는 코드를 실행합니다.

증감식은 i++ 입니다. i++ 는 i = i + 1과 동일한 식입니다. i 변수에 할당된 값에 1을 더한 뒤 그 값을 다시 i 변수에 할당합니다.

for 문에서 조건식이 참이면, for 문 안에 있는 코드를 실행하고 증감식을 실행합니다. 그리고 나서 다시 조건식을 확인하여, 거짓이 될 때까지 반복 수행하게 됩니다. for 문 안에 있는 println(i) 는 i 변수에 할당된 값을 화면에 출력하고 한줄 내리는 명령어입니다. 위에 코드에서 변수 i 의 값이 11이 되는 순간 조건식이 거짓이 되어 for 문을 벗어나게 됩니다. 따라서 화면에 출력되는 값은 0부터 10까지가 됩니다.

초기 설정과 조건식, 그리고 증감식을 잘 설정해야 원하는 만큼 for 문이 반복될 수 있습니다.

회로도는 이전 예제와 동일합니다.

완성된 회로도

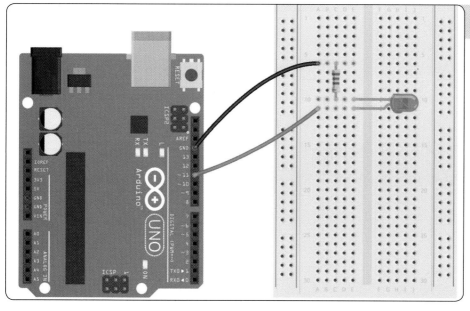

스케치 살펴보기

1 컴퓨터에 아두이노 보드를 연결하고, 아두이노 소프트웨어에서 보드와 포트를 선택합니다.

2 아래 스케치를 작성합니다.

```
 1  int ledPin = 11;
 2
 3  void setup(){
 4  }
 5
 6  void loop(){
 7    for(int brightness = 0; brightness <= 255; brightness++){
 8      analogWrite(ledPin, brightness);
 9      delay(10);
10    }
11    for(int brightness = 255; brightness >= 0; brightness--){
12      analogWrite(ledPin, brightness);
13      delay(10);
14    }
15  }
```

3 체크(V) 버튼을 눌러 스케치에 오타가 있는지 확인합니다.

4 업로드(→) 버튼을 눌러 컴파일된 파일을 아두이노 보드에 업로드합니다.

5 LED가 숨 쉬듯이 밝아졌다가 어두워지는지를 확인합니다.

스케치 살펴보기

❶ loop( ) 함수를 살펴봅시다.

```
6    void loop(){
7      for(int brightness = 0; brightness <= 255; brightness++){
8        analogWrite(ledPin, brightness);
9        delay(10);
10     }
11     for(int brightness = 255; brightness >= 0; brightness--){
12       analogWrite(ledPin, brightness);
13       delay(10);
14     }
15   }
```

7번부터 10번 줄까지는 LED 밝기를 0부터 1씩 증가시켜서 255까지 바꿉니다. 11번부터 14번 줄까지는 LED 밝기를 255부터 1씩 감소시켜서 0까지 바꿉니다.

🔧 디버깅 체크

LED의 밝기가 달라지지 않는다면, 회로와 스케치를 확인해 봅시다.

① 회로를 살펴봅시다. LED 핀은 극성이 존재하므로 +와 −를 정확하게 연결해야 합니다.

② 스케치를 살펴봅시다. 코드에서 for 반복문이 제대로 작성되었는지 확인합니다. for문에 들어가는 각 조건들과 수식 기호가 제대로 사용되었는지도 확인합니다.

푸쉬 버튼으로 LED 밝기 조절하기

준비물 : 아두이노 보드×1, ▮▮ 브레드보드×1, ⚡ USB 케이블×1, ◼ 푸쉬 버튼×1,
⊸▮▮▮ 저항(10K옴)×1, ✎ 점퍼선×5, ⬤ LED×1, ⊸▮▮▮ 저항(220옴)×1

푸쉬 버튼을 누르면 LED가 서서히 켜지고 꺼지도록 해 봅시다. 회로도를 따라 회로를
구성하고, 아두이노 스케치를 작성하여 동작시켜 봅시다.

완성된 회로도

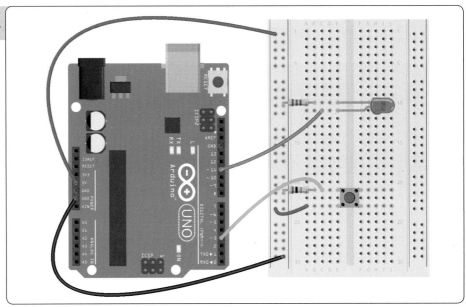

회로 구성하기

1 아두이노 보드의 5V와 GND를 브레드보드 전원 영역에 각각 연결합니다.

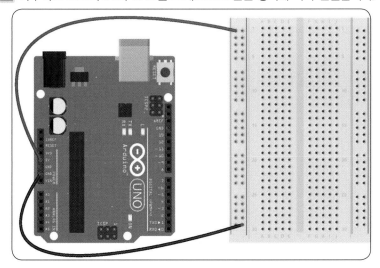

2 아두이노 보드와 푸쉬 버튼을 연결합니다. 왼쪽 위에 있는 핀은 10k옴 저항을 이용하여 브레드보드의 −선과 연결합니다. 그 사이는 점퍼선을 이용하여 아두이노 보드의 디지털 3번과 연결합니다. 왼쪽 아래에 있는 핀은 점퍼선을 이용하여 브레드보드의 +선과 연결합니다.

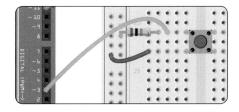

3 브레드보드에 LED를 끼웁니다. LED −핀은 220옴 저항을 이용하여 브레드보드의 −선과 연결합니다. 파란색 점퍼선을 이용하여 LED +핀과 아두이노 보드의 디지털 11번을 연결합니다.

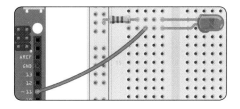

동작 과정 생각하기

1 아두이노 보드의 핀 모드를 설정해야 합니다. 우리가 사용할 부품은 디지털 3번에 연결된 푸쉬 버튼과 디지털 11번 핀에 연결된 LED입니다. 즉, 디지털 3번은 입력 모드가 되어야 하고, 11번 핀은 출력 모드가 되어야 합니다.

2 버튼을 누르면 LED에 불이 들어와야 합니다. 아두이노 보드가 계속해서 버튼이 눌러졌는지를 확인해서, 버튼이 눌러졌다면, LED를 서서히 켜고 다시 서서히 꺼지게 합니다.

이 과정을 순서도로 표현하면 다음과 같습니다.

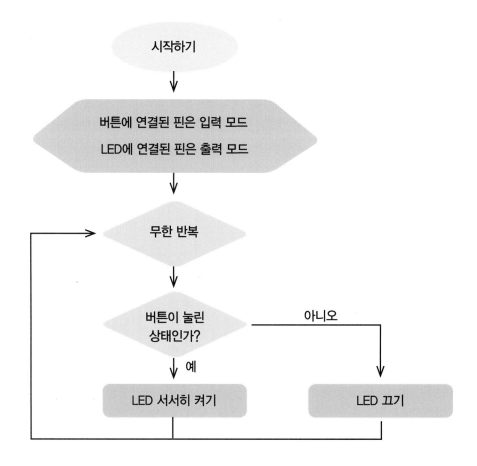

스케치 작성하기

1 컴퓨터에 아두이노 보드를 연결하고, 아두이노 소프트웨어에서 보드와 포트를 선택합니다.

2 아래 스케치를 작성합니다.

```
1    int buttonPin = 3;
2    int ledPin = 11;
3
4    void setup(){
5      pinMode(buttonPin, INPUT);
6      pinMode(ledPin, OUTPUT);
7    }
8
9    void loop(){
10     if(digitalRead(buttonPin) == HIGH){
11       for(int i = 0; i <= 255; i = i + 5){
12         analogWrite(ledPin, i);
13         delay(10);
14       }
15     } else {
16       analogWrite(ledPin, 0);
17     }
18   }
```

3 체크(V) 버튼을 눌러 스케치에 오타가 있는지 확인합니다.

4 업로드(→) 버튼을 눌러 컴파일된 파일을 아두이노 보드에 업로드합니다.

5 푸쉬 버튼을 눌렀을 때 LED에 불이 들어오는지를 확인합니다.

스케치 살펴보기

❶ 변수 선언 부분입니다.

```
1    int buttonPin = 3;
2    int ledPin = 11;
```

buttonPin과 ledPin 변수를 정의하고 buttonPin 변수에는 3을 ledPin 변수에는 11을 할당합니다.

🔧 디버깅 체크

버튼을 눌러도 LED가 켜지지 않는다면, 회로와 스케치를 확인해 봅시다.
① 회로를 살펴봅시다. LED 핀은 극성이 존재하므로 +와 −를 정확하게 연결해야 합니다. 푸쉬 버튼의 연결 상태도 확인해 봅니다.
② 스케치를 살펴봅시다. 먼저, 조건문과 반복문의 조건들을 살펴봅시다. 또한 푸쉬 버튼의 상태가 제대로 인식되는지 시리얼 모니터를 통해 inputState 변수의 값을 확인해 봅니다.

❷ loop() 함수를 살펴봅시다.

```
9    void loop(){
10     if(digitalRead(buttonPin) == HIGH){
11   for(int i = 0; i <= 255; i = i + 5){
12       analogWrite(ledPin, i);
13       delay(10);
14     }
15   } else {
16     analogWrite(ledPin, 0);
17   }
18 }
```

11번 줄부터 13번 줄까지는 반복문을 이용하여 LED에 0부터 255까지 5씩 증가하면서 전기를 줍니다. 그리고 13번 줄에서 간격을 0.01초로 설정합니다. 15, 16번 줄에서 버튼을 누르지 않은 경우, LED를 꺼지도록 합니다.

이 코드에서 사용한 명령어를 살펴봅시다.

```
analogWrite(pin, value);
```

danalogWrite( ) 명령어는 PWM 기능을 지원하는 디지털 핀(아두이노 보드에서 ~표시가 되어 있는 핀) 번호(pin)와 0부터 255까지 입력 값(value)을 지정하여 사용합니다.

Check? Check!

1 LED가 숨 쉬듯이 어두워졌다 밝아졌다 하는 시간 간격을 늘리거나 줄이는 방법은 무엇일까요? 코드를 수정하여 속도를 느리거나 빠르게 바꿔 봅시다.

2 다음 코드에서 LED의 밝기가 증가하거나 감소하는 간격을 변경해 봅시다.

```
1    int ledPin = 11;
2
3    void setup(){
4    }
5
6    void loop(){
7      for(int brightness = 0; brightness <= 255; brightness++){
8        analogWrite(ledPin, brightness);
9        delay(10);
10     }
11     for(int brightness = 255; brightness >= 0; brightness--){
12       analogWrite(ledPin, brightness);
13       delay(10);
14     }
15   }
```

Hint

for문에 있는 brightness 변수의 값이 증가 또는 감소하는 간격을 조절합니다.

3 기울기 센서 1개와 LED 1개를 이용하여, 다음 조건에 맞는 회로 및 코드를 만들어 봅시다.

조건

　　1) 기울기 센서가 기울어지면 LED가 서서히 켜집니다.
　　2) 기울기 센서가 기울어지지 않으면 LED가 서서히 꺼집니다.

Python Coding

파이썬으로 LED의 밝기를 조절하는 코드를 작성해 봅시다. 필요한 준비물과 회로도는 다음과 같습니다.

준비물 :  아두이노 보드×1, ▨ 브레드보드×1, USB 케이블×1, ⬤ LED×1,
▬▥▬ 저항(220k옴)×1, ✎ 점퍼선×5

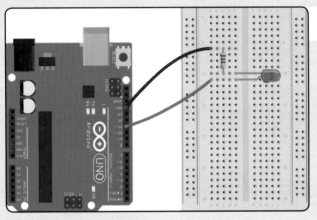

완성된 회로도

컴퓨터에 아두이노 보드를 연결한 뒤, 파이썬 IDE를 실행하여 다음 코드를 작성해 봅시다.

```python
1   from Arduino import Arduino
2   import time
3
4   ledPin = 11
5
6   board = Arduino("9600", port="COM3")
7   board.pinMode(ledPin, "OUTPUT")
8
9   while True:
10      brightness = 0
11      while brightness < 255:
12          board.analogWrite(ledPin, brightness)
13          brightness = brightness + 1
```

```
14          time.sleep(0.01)
15      while brightness > 0:
16          board.analogWrite(ledPin, brightness)
17          brightness = brightness - 1
18          time.sleep(0.01)
```

코드를 자세히 살펴봅시다. 먼저 설정 부분입니다.

```
1   from Arduino import Arduino
2   import time
3
4   ledPin = 11
5
6   board = Arduino("9600", port="COM3")
7   board.pinMode(ledPin, "OUTPUT")
```

1~2번은 코드에서 사용할 라이브러리를 불러옵니다. 4번은 ledPin 변수를 정의합니다.

6~7번은 아두이노 보드의 통신 속도와 포트를 설정하고, ledPin을 출력 모드로 설정합니다.

다음은 반복 동작하는 부분입니다.

```
9   while True:
10      brightness = 0
11      while brightness < 255:
12          board.analogWrite(ledPin, brightness)
13          brightness = brightness + 1
14          time.sleep(0.01)
15      while brightness > 0:
16          board.analogWrite(ledPin, brightness)
17          brightness = brightness - 1
18          time.sleep(0.01)
```

반복 동작 부분은 크게 11~14번 줄과 15~19번 줄로 구분합니다. 10번 줄에서는 brightness 변수를 0으로 할당합니다. 11번 줄에서 brightness 값이 255보다 작을 동안 12~14번 줄을 실

Python Coding

행합니다. 12번 줄에서 LED를 brightness 변수에 할당된 값만큼 전기를 주고, 13번 줄에서 brightness의 값을 1 증가시킨 뒤, 14번 줄에서 0.01초 동안 기다립니다. brightness의 값이 255가 되면 11번 줄에서 15번 줄로 이동합니다. 15번 줄에서 brightness의 값이 0보다 클 동안 LED에 brightness 값만큼의 전기를 주고, 1씩 감소시킵니다.

아래와 같이 while문은 for문으로 변경하여 사용할 수도 있습니다.

```
...    ...
11        while brightness < 255:
12            board.analogWrite(ledPin, brightness)
13            brightness = brightness + 1
14            time.sleep(0.01)
...    ...
```

```
...    ...
11        for brightness in range(0, 256):
12            board.analogWrite(ledPin, brightness)
13            time.sleep(0.01)
...    ...
```

파이썬 코드에서 사용한 명령어를 살펴봅시다.

```
Arduino.analogWrite(pin_number, value)
```
PWM 기능을 지원하는 핀에 특정 값을 출력한다.

```
range(start, stop, step)
```
range( ) 함수는 연속된 숫자(정수)를 만들어주는 함수입니다. 시작값(start)과 종료값 (stop)을 설정하여 해당 범위 안에서 연속되는 숫자를 만들어 줍니다. step을 지정하지 않으면 기본적으로 1씩 증가합니다.

예를 들어, range(10)은 0부터 9까지 10개의 숫자를 만듭니다. range(0, 10)은 0부터 9까지 10개의 숫자를 만듭니다. range(10, 0, -1)은 10부터 1까지 10개의 숫자를 만듭니다.

Chapter 09 Arduino

조도 센서 제어하기

이번 활동은 빛의 양을 측정하는 전자 부품인 조도 센서를 다룹니다. 조도 센서를 이용하여 회로를 연결하고 코드를 작성하는 방법을 배워봅시다. 그리고 조도 센서가 측정한 값을 이용하여 LED를 깜박이거나 밝기를 조절하는 방법을 배워봅시다.

조도 센서 살펴보기

조도 센서(Photoresistor)는 빛 센서, 광 센서, CdS 센서 등으로 불리는 센서로, 주변의 빛의 양을 감지하는 센서입니다.

조도 센서는 황화 카드뮴(Cadmium Sulfide, CdS)이라는 화합물을 사용합니다. 황화 카드뮴은 빛에 반응하는 물질로, 주변이 밝을수록 저항이 작아지고 주변이 어두울수록 저항이 커지는 특징을 가지고 있습니다. 즉, 조도 센서는 황하 카드뮴의 특성을 이용하여 주변 밝기 값을 측정할 수 있습니다.

일반적인 조도 센서는 핀 다리가 2개이며 극성이 따로 없습니다. 어느 방향으로 +극이나 −극을 연결해도 상관없습니다.

조도 센서

조도 센서를 이용하면 자동차의 헤드라이트, 가로등, 스마트폰 화면 등을 주변 밝기 정도에 따라 자동으로 조절할 수 있습니다.

조도 센서도 일종의 저항으로 볼 수 있으며, 감지하는 빛의 양이 매우 많을 경우, 저항의 크기가 매우 작아져서 보드에 과전류가 흐를 수 있으므로 저항을 함께 연결하여 사용합니다.

조도 센서로 주변 밝기 측정하기

준비물 : 아두이노 보드×1, 브레드보드×1, USB 케이블×1, 조도 센서×1, 저항(10K옴)×1, 점퍼선×4

조도 센서를 이용하여 주변의 밝기를 측정해 봅시다. 측정한 값은 시리얼 모니터를 이용하여 화면에 출력해 봅시다. 회로도를 따라 회로를 구성하고, 아두이노 스케치를 작성하여 동작시켜 봅시다.

완성된 회로도

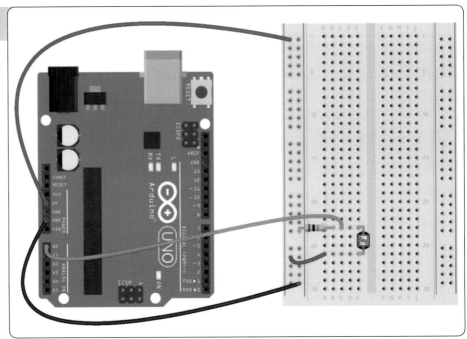

physical computing

회로 구성하기

1 아두이노 보드의 5V와 GND와 브레드보드 전원 영역를 각각 연결합니다.

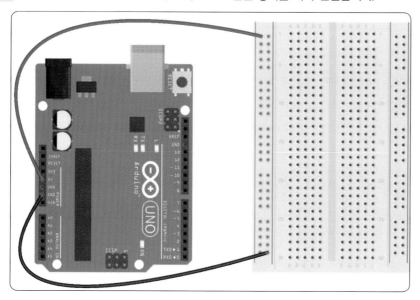

2 브레드보드에 조도 센서를 연결합니다.

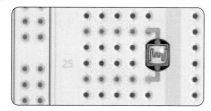

3 조도 센서의 한 쪽 핀을 10k옴 저항을 이용하여 브레드보드 전원 영역의 −선에 연결합니다. 그리고 그 사이를 아두이노 보드의 아날로그 0번 핀에 연결합니다. 그리고 조도 센서의 다른 한 쪽 핀과 브레드보드 전원 영역의 +선을 연결합니다.

스케치 작성하기

1 컴퓨터에 아두이노 보드를 연결하고, 아두이노 소프트웨어에서 보드와 포트를 선택합니다.

2 아래 스케치를 작성합니다.

```
1   int cdsPin = 0;
2
3   void setup(){
4     Serial.begin(9600);
5   }
6
7   void loop(){
8     int value = analogRead(cdsPin);
9     Serial.print("value: ");
10    Serial.println(value);
11    delay(200);
12  }
```

3 체크(V) 버튼을 눌러 스케치에 오타가 있는지 확인합니다.

4 업로드(→) 버튼을 눌러 컴파일된 파일을 아두이노 보드에 업로드합니다.

5 시리얼 모니터를 열고, 조도 센서가 측정한 값이 출력되는지를 확인합니다.

스케치 살펴보기

❶ 변수 선언 및 setup() 함수를 살펴봅시다.

```
1   int cdsPin = 0;
2
3   void setup(){
4     Serial.begin(9600);
5   }
```

조도 센서의 값을 측정할 아날로그 핀 번호인 0을 cdsPin 변수에 저장합니다. 설정 부분에서 시리얼 모니터를 시작합니다.

❷ loop() 함수를 살펴봅시다.

```
 7   void loop(){
 8     int value = analogRead(cdsPin);
 9     Serial.print("value: ");
10     Serial.println(value);
11     delay(200);
12   }
```

조도 센서가 측정한 값은 아날로그 값이므로 analogRead( )로 읽어서 value 변수에 저장합니다. 9번 줄에서는 시리얼 모니터에 'value: ' 문자열을 그대로 출력합니다. 10번 줄에서 'value: ' 다음에 value 변수에 저장된 값을 출력합니다. 예를 들어 조도 센서가 측정한 값이 500이라면 시리얼 모니터에 'value: 500'이라고 출력됩니다. 11번 줄에서 0.2초 동안 기다리도록 하여 시리얼 모니터에 출력되는 값을 눈으로 확인할 수 있도록 합니다.

🔧 디버깅 체크

제대로 동작하지 않는다면, 회로도와 스케치를 확인해 봅시다.
① 회로를 살펴봅시다. 조도 센서의 핀이 각각 아두이노 보드와 제대로 연결되었는지 확인
  합니다. 또한 브레드보드에 제대로 연결되었는지 확인합니다.
② 스케치를 살펴봅시다. 실제로 연결한 아날로그 핀 번호를 핀 번호 변수에 제대로 작성했
  는지 확인합니다.

 조도 센서로 빛의 양을 정확하게 측정할 수 있나요?

실습용 키트에 포함된 일반적인 조도 센서는 주변 빛의 양(lux)을 정확하게 측정하기에는 부적합합니다. 단지 주변의 어두운지 밝은지 정도를 확인할 수 있습니다. 빛의 양을 정확하게 측정하기 위해서는 빛의 양을 직접 측정할 수 있는 정밀 조도 센서를 사용하면 됩니다.

조도 센서로 LED 깜박이기

준비물 : ■ 아두이노 보드×1, ▨ 브레드보드×1, ⓝ USB 케이블×1, ▥ 조도 센서×1,
━■■━ 저항(10K옴)×1, ◈ 점퍼선×6, ●━ LED×2, ━■■━ 저항(220옴)×2

조도 센서 값에 따라 다른 색의 LED가 켜지도록 만들어봅시다. 회로를 구성하고, 아
두이노 스케치를 작성하여, 조도 센서 값이 일정 값보다 작으면 빨간색 LED가 켜지
고 초록색 LED는 꺼지도록 합니다. 또한 조도 센서 값이 일정 값보다 크면 빨간색
LED는 꺼지고, 초록색 LED가 켜지도록 구성해 봅시다.

완성된 회로도

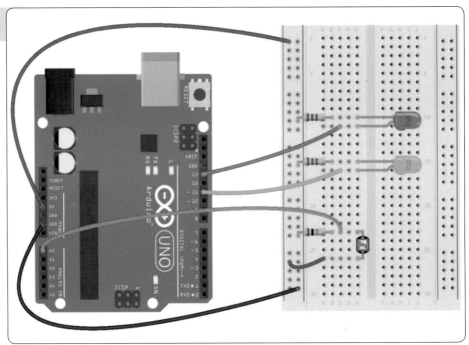

회로 구성하기

1 아두이노 보드에서 5V와 GND를 브레드보드의 +와 – 전원선에 연결합니다.

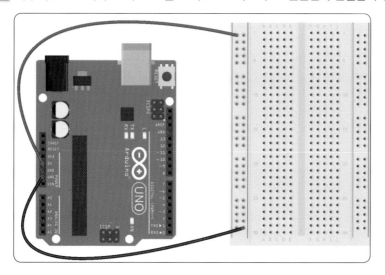

2 브레드보드에 조도센서를 연결합니다. 위쪽 핀은 10K옴 저항을 이용하여 브레드보드의 – 선과 연결합니다. 그 사이에 점퍼선을 이용하여 아두이노 보드의 아날로그 0번 핀과 연결합니다. 아래 쪽 핀은 점퍼선을 이용하여 브레드보드의 +선과 연결합니다.

3 아두이노 보드에 2개의 LED를 연결해 봅시다. 빨간색 LED는 위쪽에 초록색 LED는 아래쪽에 연결합니다. 빨간색 LED의 +핀은 디지털 13번 핀에 연결하고, 초록색 LED의 +핀은 디지털 11번 핀에 연결합니다.

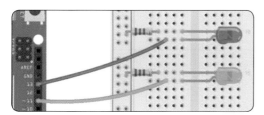

동작 과정 생각하기

1 아두이노 보드의 핀 모드를 설정합니다. 디지털 13번 핀에 연결된 빨간색 LED,과 디지털 11번 핀에 연결된 초록색 LED는 출력 모드로 사용해야 합니다.

2 주변이 어두워지면 빨간색 LED가 켜지고, 주변이 밝아지면 초록색 LED가 켜지도록 합니다.

이 과정을 순서도로 표현하면 다음과 같습니다.

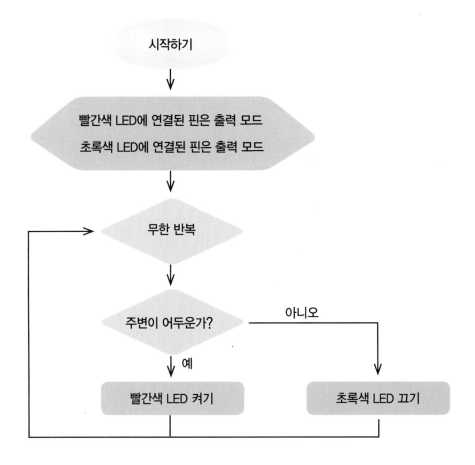

스케치 작성하기

1 컴퓨터에 아두이노 보드를 연결하고, 아두이노 소프트웨어에서 보드와 포트를 선택합니다.

2 아래 스케치를 작성합니다.

```
1    int redPin = 13;
2    int greenPin = 11;
3    int cdsPin = 0;
4    int cdsValue = 0;
5
6    void setup() {
7      pinMode(greenPin, OUTPUT);
8      pinMode(redPin, OUTPUT);
9    }
10
11   void loop() {
12     cdsValue = analogRead(cdsPin);
13
14     if(cdsValue < 600){
15       digitalWrite(redPin, HIGH);
16       digitalWrite(greenPin, LOW);
17     } else {
18       digitalWrite(redPin, LOW);
19       digitalWrite(greenPin, HIGH);
20     }
21   }
```

3 체크(V) 버튼을 눌러 스케치에 오타가 있는지 확인합니다.

4 업로드(→) 버튼을 눌러 컴파일된 파일을 아두이노 보드에 업로드합니다.

5 조도 센서가 측정한 값에 따라 LED가 켜지고 꺼지는지를 확인합니다.

스케치 살펴보기

❶ 변수 선언 부분입니다.

```
1    int redPin = 13;
2    int greenPin = 11;
3    int cdsPin = 0;
4    int cdsValue = 0;
```

redPin 에는 13, greenPin 에는 11을 저장하여 각각 LED에 연결할 디지털 핀 번호를 저장합니다. cdsPin 변수에는 조도 센서에 연결할 아날로그 핀 번호인 0을 저장합니다. 조도 센서가 측정한 값을 저장할 변수로 cdsValue 로 정하고 초기값으로 0을 저장합니다.

❷ setup() 함수를 살펴봅시다.

```
6    void setup() {
7      pinMode(greenPin, OUTPUT);
8      pinMode(redPin, OUTPUT);
9    }
```

setup( ) 함수에는 redPin과 greenPin 번호를 출력 모드(OUTPUT)로 설정합니다.

❸ loop() 함수를 살펴봅시다.

```
11   void loop() {
12     cdsValue = analogRead(cdsPin);
13
14     if(cdsValue < 600){
15       digitalWrite(redPin, HIGH);
16       digitalWrite(greenPin, LOW);
17     } else {
18       digitalWrite(redPin, LOW);
19       digitalWrite(greenPin, HIGH);
20     }
21   }
```

12번 줄에서 조도 센서가 측정한 값을 읽어 와서 cdsValue 변수에 저장합니다. 14번 줄에서 조도 센서가 측정한 값이 600보다 작은지를 확인합니다. 조도 센서는 0부터 1023까지의 값을 측정하며 대략 절반인 600을 기준으로 합니다. 실제로 실습하는 환경에 따라 값을 조절할 필요가 있습니다. 조도 센서의 값이 600보다 작다면 어둡다라고 판단하여 15번과 16번 줄을 실행합니다. 반대로 조도 센서의 값이 600보다 크다면 18번과 19번 줄을 실행합니다. 이 과정을 반복합니다.

이 코드에서 사용한 명령어를 살펴봅시다.

```
analogRead(핀 번호);
```

analogRead( ) 명령어는 아두이노 보드의 아날로그 핀에 연결된 값을 읽어 옵니다. 아날로그 값은 0부터 1023까지 1024단계로 측정합니다. 아날로그 핀 번호는 A0 또는 0으로 입력해도 동일하게 동작합니다.

디버깅 체크

LED가 원하는 대로 켜지지 않는다면, 회로와 스케치를 확인해 봅시다.

① 회로를 살펴봅시다. LED 핀은 극성이 존재하므로 +와 −를 정확하게 연결해야 합니다. 조도 센서는 극성이 없지만 회로 연결 상태를 확인해 봅니다.

② 조도 센서의 상태가 제대로 인식되는지 시리얼 모니터를 통해 조도 센서가 측정한 값이 할당된 변수의 값을 확인해 봅니다.

변수 이름을 만드는 규칙이 있나요?

코드에서 변수의 이름은 이미 정의된 명령어나 함수가 아니라면 자유롭게 작성할 수 있습니다. 그러나 다른 사람들이 코드의 내용을 잘 이해할 수 있도록 의미있는 이름을 사용하는 것이 좋습니다. 또한 공통으로 사용하는 변수 이름 규칙을 적용하면 다른 사람들이 쉽게 어떤 의미의 변수인지를 확인할 수 있습니다. 대표적인 변수 이름 규칙으로는 카멜 표기법(여러 단어를 연달아 사용할 때 첫 번째 단어의 첫 글자는 소문자로, 그 다음 단어의 첫 글자는 대문자로 작성.예를 들면, cdsPin), 파스칼 표기법(여러 단어를 연달아 사용할 때 모든 단어의 첫 글자를 대문자로 작성, CdsPin) 등이 있습니다.

조도 센서로 LED 밝기 제어하기

준비물 : ▦ 아두이노 보드×1, ▦ 브레드보드×1, ▦ USB 케이블×1, ▦ 조도 센서×1,
▦ 저항(10K옴)×1, ▦ 점퍼선×5, ▦ LED×1, ▦ 저항(220옴)×2

조도 센서 값에 따라 LED의 밝기를 제어해 봅시다. 조도 센서 값은 0부터 1023까지 1024단계를 가지고 있습니다. LED의 밝기는 0부터 255까지 256단계를 사용할 수 있습니다. 조도 센서가 측정한 값을 LED의 밝기 단계로 변환하여 출력하게 합니다. 회로도를 따라 회로를 구성하고, 아두이노 스케치를 작성하여 동작시켜 봅시다.

완성된 회로도

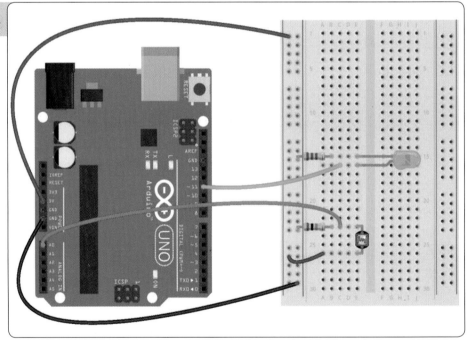

회로 구성하기

1 아두이노 보드의 5V와 GND를 각각 브레드보드의 +와 − 전원선에 연결합니다.

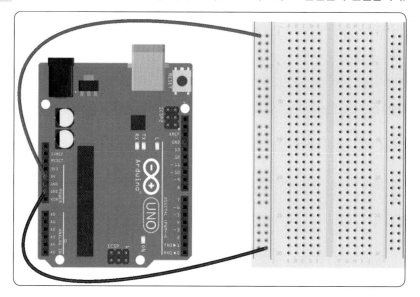

2 브레드보드에 조도 센서를 연결합니다. 위쪽 핀은 10K옴 저항을 이용하여 브레드보드의 −선과 연결합니다. 그 사이에 점퍼선을 이용하여 아두이노 보드의 아날로그 0번 핀과 연결합니다. 아래쪽 핀은 점퍼선을 이용하여 브레드보드의 +선과 연결합니다.

3 아두이노 보드에 LED를 연결해 봅시다. LED의 +핀은 디지털 12번 핀과 연결하고, LED의 −핀은 220옴 저항을 이용하여 브레드보드의 −선과 연결합니다.

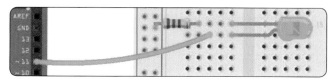

동작 과정 생각하기

1 아두이노 보드의 핀 모드를 설정합니다. 조도 센서와 연결한 아날로그 0번은 입력 모드로 설정하고 LED와 연결한 디지털 11번은 출력 모드로 설정합니다.

2 조도 센서가 측정한 주변의 밝기에 따라 LED의 밝기가 달라지도록 합니다. 조도 센서가 측정하는 단계는 1024단계이고 LED의 밝기는 256단계이므로 범위를 맞춰주는 함수를 사용합니다. 이 과정을 순서도로 표현하면 다음과 같습니다.

이 과정을 순서도로 표현하면 다음과 같습니다.

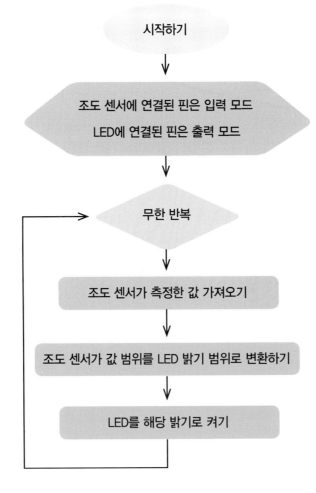

스케치 작성하기

1 컴퓨터에 아두이노 보드를 연결하고, 아두이노 소프트웨어에서 보드와 포트를 선택합니다.

2 아래 스케치를 작성합니다.

```
1    int cdsPin = 0;
2    int ledPin = 11;
3    int cdsValue = 0;
4    int ledValue = 0;
5
6    void setup() {
7      pinMode(ledPin, OUTPUT);
8    }
9
10   void loop() {
11     cdsValue = analogRead(cdsPin);
12     ledValue = map(cdsValue, 0, 1023, 0, 255);
13     digitalWrite(ledPin, ledValue);
14     delay(10);
15   }
```

3 체크(∨) 버튼을 눌러 스케치에 오타가 있는지 확인합니다.

4 업로드(→) 버튼을 눌러 컴파일된 파일을 아두이노 보드에 업로드합니다.

5 조도 센서가 측정한 값에 따라 LED의 밝기가 변하는지를 확인합니다.

스케치 살펴보기

❶ 변수 선언 부분입니다.

```
1    int cdsPin = 0;
2    int ledPin = 11;
```

```
3    int cdsValue = 0;
4    int ledValue = 0;
```

1번과 2번 줄에서는 조도 센서를 연결하는 아날로그 0번과 LED를 연결하는 디지털 11번의 핀 번호를 할당합니다. 3번과 4번의 각 변수들은 해당 부품이 측정하거나 출력해야 하는 값을 저장하는 변수입니다.

❷ setup( ) 함수를 살펴봅시다.

```
6    void setup() {
7      pinMode(ledPin, OUTPUT);
8    }
```

설정 함수에서는 LED가 연결된 디지털 11번을 출력 모드로 설정합니다.

❸ loop( ) 함수를 살펴봅시다.

```
10   void loop() {
11     cdsValue = analogRead(cdsPin);
12     ledValue = map(cdsValue, 0, 1023, 0, 255);
13     digitalWrite(ledPin, ledValue);
14     delay(10);
15   }
```

11번 줄에서 조도 센서가 측정한 값을 읽어서 변수에 할당합니다. 12번 줄에서는 조도 센서가 측정한 값의 범위를 0부터 1023까지에서 0부터 255로 변환하여 변수에 할당합니다. 13번 줄에서는 LED에 변환된 값을 밝기로 설정하여 LED를 켭니다.

이 코드에서 사용한 명령어를 살펴봅시다.

```
map(value, fromLow, fromHigh, toLow, toHigh);
```

map( )은 입력 받은 값(value)을 다른 값으로 변환해 줍니다. 변환 시 입력 값의 최솟값(fromLOW)과 최댓값(fromHigh)을 변환할 값의 최솟값(toLow)과 최댓값(toHigh)에 맞춰 변환해 줍니다.

디버깅 체크

LED의 밝기가 변하지 않는다면, 회로와 스케치를 확인해 봅시다.

① 회로를 살펴봅시다. LED 핀은 극성이 존재하므로 +와 −를 정확하게 연결해야 합니다. 또한 LED 밝기를 제어하기 위해서는 PWM 기능을 지원하는 디지털 핀에 연결해야 합니다. 아두이노 보드에서 ∼표시가 된 디지털 핀을 사용합니다. 조도 센서는 극성이 없지만 회로 연결 상태를 확인해 봅시다.

② 스케치를 살펴봅시다. 조도 센서의 상태가 제대로 인식되는지 시리얼 모니터를 통해 조도 센서가 측정한 값이 할당된 변수의 값을 확인해 봅시다.

 Check? Check!

■ 조도 센서 1개를 이용하여, 다음 조건에 맞는 회로 및 코드를 만들어 봅시다.

조건

조도 센서가 측정한 값을 3단계로 구분하여 각각 'LOW', 'MIDDLE', 'HIGH'로 출력해 봅시다.

	조도 센서 값 범위	시리얼 모니터 출력
1단계	0∼299	LOW
2단계	300∼699	MIDDLE
3단계	700∼1023	HIGH

Hint

만약 300 보다 작다면,
　LOW 출력하기
그렇지 않고 700 보다 작다면,
　MIDDLE 출력하기
그렇지 않다면,
　HIGH 출력하기

② 조도 센서 1개와 LED 1개를 이용하여, 주변이 어두워지면 LED가 켜지도록 회로 및 코드를 만들어 봅시다.

조건

　조도 센서가 측정한 값이 500보다 작다면 LED를 켜고, 그렇지 않다면 LED를 끕니다.

Python Coding

파이썬으로 조도 센서와 LED를 제어하는 코드를 작성해 봅시다. 완성된 회로도는 다음과 같습니다.

준비물 : 아두이노 보드×1, 브레드보드×1, USB 케이블×1, 조도 센서×1,
저항(10k옴)×1, 점퍼선×5, LED×1, 저항(220k옴)×1,

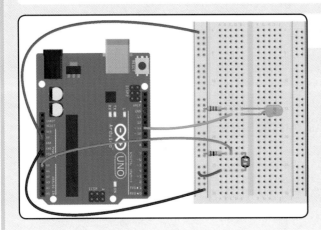

완성된 회로도

컴퓨터에 아두이노 보드를 연결한 뒤, 파이썬 IDE를 실행하여 다음 코드를 작성해 봅시다.

```python
1   from Arduino import Arduino
2   import time
3
4   cdsPin = 0
5   ledPin = 13
6
7   board = Arduino("9600", port="COM3")
8   board.pinMode(ledPin, "OUTPUT")
9
10  while True:
11      cdsValue = board.analogRead(cdsPin)
12      if cdsValue < 500:
13          board.digitalWrite(ledPin, "HIGH")
```

```
14        else:
15            board.digitalWrite(ledPin, "LOW")
16        time.sleep(0.01)
```

코드를 자세히 살펴봅시다. 먼저 설정 부분입니다.

```
1    from Arduino import Arduino
2    import time
3
4    cdsPin = 0
5    ledPin = 13
6
7    board = Arduino("9600", port="COM3")
8    board.pinMode(ledPin, "OUTPUT")
```

1~2번은 코드에서 사용할 라이브러리를 불러옵니다. 4~5번은 2개의 변수를 정의합니다. 7~8번은 아두이노 보드의 통신 속도와 포트를 설정하고, LED를 연결할 13번 핀은 출력 모드로 설정합니다.

```
10   while True:
11       cdsValue = board.analogRead(cdsPin)
12       if cdsValue < 500:
13           board.digitalWrite(ledPin, "HIGH")
14       else:
15           board.digitalWrite(ledPin, "LOW")
16       time.sleep(0.01)
```

11번 줄에서 조도 센서가 측정한 값을 cdsValue에 저장합니다. 12번 줄에서 cdsValue 값이 500보다 작다면(즉, 주변이 어둡다면) 13번 줄에서 LED를 켭니다. cdsValue 값이 500보다 크다면(즉, 주변이 밝다면) 15번 줄에서 LED를 끕니다.

파이썬 코드에서 사용한 명령어를 살펴봅시다

```
Arduino.analogRead(pin_number)
```
아날로그 핀에서 측정된 값을 읽어온다.

가변 저항 제어하기

이번 활동은 저항의 크기를 조절할 수 있는 전자 부품인 가변 저항을 다룹니다. 가변 저항을 이용하여 회로를 연결하고 코드를 작성하는 방법을 배워봅시다. 그리고 가변 저항으로 저항 값을 조절하여 LED 또는 부저를 제어하는 방법을 배워봅시다.

 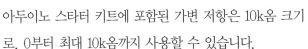

가변 저항 살펴보기

가변 저항(Potentiometer)은 반고정저항, 포텐셔미터 등으로 불립니다. 가변 저항은 저항 값을 조절할 수 있는 부품입니다. 가변 저항의 형태는 회전축을 중심으로 저항을 조절하는 회전형과 좌우로 조절하는 슬라이드형 등이 있습니다.

아두이노 스타터 키트에 포함된 가변 저항은 10k옴 크기로, 0부터 최대 10k옴까지 사용할 수 있습니다.

가변 저항은 라디오에서 볼륨 조절을 할 때, 전등의 밝기를 조절할 때, DJ 박스처럼 음악의 소리나 효과를 조절하기 위한 장치에 많이 사용됩니다.

가변 저항

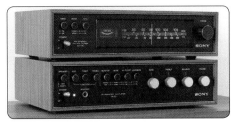 

가변 저항 값 출력하기

준비물 : 아두이노 보드×1, 브레드보드×1, USB 케이블×1, 가변 저항×1, 점퍼선×5

가변 저항을 조작하여 측정되는 값을 시리얼 모니터에 출력해 봅시다. 회로도를 따라 회로를 구성하고, 아두이노 스케치를 작성하여 동작시켜 봅시다.

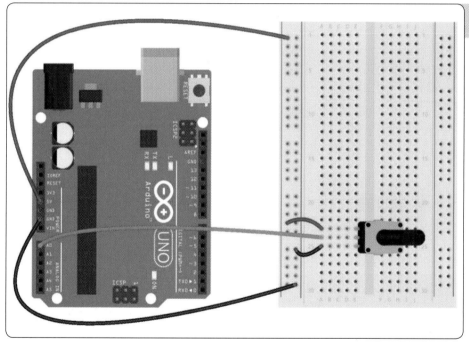

완성된 회로도

회로 구성하기

1 아두이노 보드의 5V와 GND를 브레드보드 전원 영역에 각각 연결합니다.

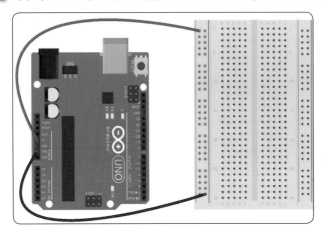

2 브레드보드에 가변 저항을 연결합니다. 가변 저항 핀은 3개입니다. 가운데 핀은 저항 값을 출력하는 핀
이고, 나머지 핀 하나는 +극, 다른 하나는 −극입니다.

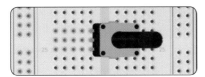

3 가변 저항의 가운데 핀과 아날로그 0번 핀을 점퍼선으로 연결합니다.

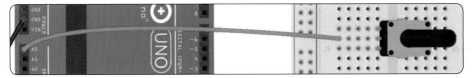

4 가변 저항의 한 쪽 핀과 브레드보드 전원 영역
의 +선을 점퍼선으로 연결합니다.

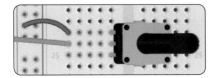

5 가변 저항의 다른 한 쪽 핀과 브레드보드 전원
영역의 −선을 점퍼선으로 연결합니다.

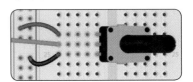

스케치 작성하기

1 컴퓨터에 아두이노 보드를 연결하고, 아두이노 소프트웨어에서 보드와 포트를 선택합니다.

2 아래 스케치를 작성합니다.

```
1    int potPin = 0;
2
3    void setup(){
4      Serial.begin(9600);
5    }
6
7    void loop(){
8      int value = analogRead(potPin);
9      Serial.print("value: ");
10     Serial.println(value);
11     delay(200);
12   }
```

3 체크(V) 버튼을 눌러 스케치에 오타가 있는지 확인합니다.

4 업로드(→) 버튼을 눌러 컴파일된 파일을 아두이노 보드에 업로드합니다.

5 시리얼 모니터를 열고, 가변 저항을 조절하여 값이 출력되는지 확인합니다.

스케치 살펴보기

❶ 변수 선언 및 setup() 함수를 살펴봅시다.

```
1    int potPin = 0;
2
3    void setup(){
4      Serial.begin(9600);
5    }
```

가변 저항으로 조절한 저항 값을 potPin 변수에 저장합니다. 설정 부분에서 시리얼 모니터를 시작합니다.

❷ loop() 함수를 살펴봅시다.

```
 7  void loop(){
 8    int value = analogRead(potPin);
 9    Serial.print("value: ");
10    Serial.println(value);
11    delay(200);
12  }
```

가변 저항 값은 아날로그 값이므로 analogRead( )로 읽어서 value 변수에 저장합니다. 9번 줄에서는 시리얼 모니터에 'value: ' 문자열을 그대로 출력합니다. 10번 줄에서 'value: ' 다음에 value 변수에 저장된 값을 출력합니다. 예를 들어 가변 저항으로 조절한 값이 500 이라면 시리얼 모니터에 'value: 500' 이라고 출력됩니다. 11번 줄에서 0.2초 동안 기다리도록 하여 시리얼 모니터에 출력되는 값을 눈으로 확인할 수 있도록 합니다.

 가변 저항은 어떤 방향으로 돌려야 하나요?

가변 저항을 동작 할 때 일반적으로 시계 방향으로 돌리면 값이 커질 것이라고 생각합니다. 혹시 값이 작아질 경우, 가변 저항에 연결된 +핀과 −핀을 바꾸면 됩니다.

🔧 **디버깅 체크**

가변 저항이 제대로 동작하지 않는다면, 회로도와 스케치를 확인해 봅시다.

① 회로를 살펴봅시다. 가변 저항의 가장 오른쪽 핀과 가장 왼쪽 핀이 각각 +핀과 −핀에 연결되었는지를 확인합니다. 가변 저항을 시계 방향으로 회전시키면 값이 증가해야 합니다. 혹시 값이 감소한다면, +핀과 −핀을 바꿔서 연결하면 됩니다.

② 스케치를 살펴봅시다. 가변 저항에 연결한 아날로그 핀 번호를 핀 변수에 제대로 입력했는지도 확인합니다.

코드 개선하기

가변 저항이 출력하는 값의 범위를 바꿔봅시다. 가변 저항의 값은 0부터 1023까지의 값으로 출력됩니다. 사람들이 이해하기 쉽도록 퍼센트 값으로 변환해서 출력해 봅시다. 가변 저항의 값을 좀 더 알아보기 쉽게 0부터 100까지의 값으로 출력하는 스케치를 작성해 봅시다.

스케치 작성하기

1 컴퓨터에 아두이노 보드를 연결하고, 아두이노 소프트웨어에서 보드와 포트를 선택합니다.

2 아래 스케치를 작성합니다.

```
1    int potPin = 0;
2
3    void setup(){
4      Serial.begin(9600);
5    }
6
7    void loop(){
8      int value = analogRead(potPin);
9      int percent = map(value, 0, 1023, 0, 100);
10     Serial.print("value: ");
11     Serial.print(value);
12     Serial.print(", percent: ");
13     Serial.println(percent);
14     delay(200);
15   }
```

3 체크(V) 버튼을 눌러 스케치에 오타가 있는지 확인합니다.

4 업로드(→) 버튼을 눌러 컴파일된 파일을 아두이노 보드에 업로드합니다.

스케치 살펴보기

❶ loop( ) 함수를 살펴봅시다.

```
7   void loop(){
8     int value = analogRead(potPin);
9     int percent = map(value, 0, 1023, 0, 100);
10    Serial.print("value: ");
11    Serial.print(value);
12    Serial.print(", percent: ");
13    Serial.println(percent);
14    delay(200);
15  }
```

8번 줄에서 가변 저항의 값은 아날로그 값이므로 analogRead( )로 읽어서 value 변수에 저장합니다. 9번 줄에서는 입력되는 값의 범위를 변경해주는 map( ) 함수를 사용하여, 0부터 1023의 값 범위를 0부터 100까지의 값 범위로 변경합니다. 10번 줄부터 13번 줄까지는 가변 저항 값과 변경된 값을 시리얼 모니터에 출력합니다.

가변 저항 사용시 주의할 점이 있나요?

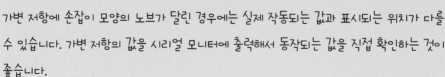

실습용 키트에 포함되어 있는 가변 저항 또는 저렴한 가격의 가변 저항 중 일부는 브레드보드에 제대로 연결되지 않는 경우가 있습니다. 코드가 정상적으로 작성되어 보드에 업로드 되어 있어도 브레드보드에서 가변 저항이 빠지는 경우가 있으므로 주의해야 합니다.
가변 저항에 손잡이 모양의 노브가 달린 경우에는 실제 작동되는 값과 표시되는 위치가 다를 수 있습니다. 가변 저항의 값을 시리얼 모니터에 출력해서 동작되는 값을 직접 확인하는 것이 좋습니다.

가변 저항으로 LED 깜박이는 속도 제어하기

준비물 : ▨ 아두이노 보드×1, ▨ 브레드보드×1, ᛚ USB 케이블×1, ▮ 가변 저항×1,
▬▮▬ 저항(220옴)×1, ✎ 점퍼선×6, ⬤ LED×1

가변 저항을 움직여서 LED가 깜박이는 속도를 조절해 봅시다. 가변 저항의 값이 작
아지면 LED가 더 빨리 깜박입니다. 회로도를 따라 회로를 구성하고, 아두이노 스케
치를 작성하여 동작시켜 봅시다.

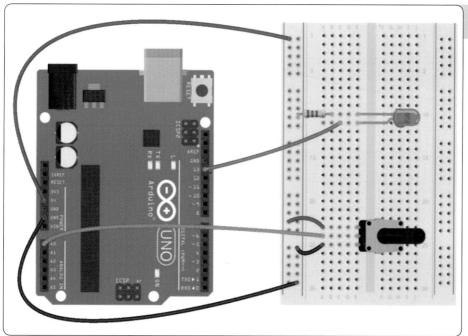

완성된 회로도

회로 구성하기

1 아두이노 보드에서 5V와 GND를 점퍼선을 이용하여 브레드보드의 +와 – 전원선에 각각 연결합니다.

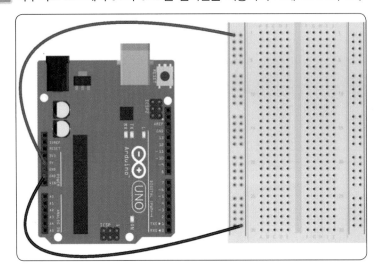

2 가변 저항 핀이 3개임에 유의합니다. 브레드보드에 가변 저항을 연결합니다. 가장 위쪽 핀을 점퍼선을 이용하여 브레드보드의 +선과 연결합니다. 가장 아래쪽 핀을 점퍼선을 이용하여 브레드보드의 –선과 연결합니다. 가운데 핀을 점퍼선을 이용하여 아두이노 보드의 아날로그 0번 핀과 연결합니다.

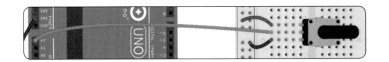

3 아두이노 보드에 LED를 연결합니다. LED의 +극 핀과 디지털 13번 핀을 연결합니다.

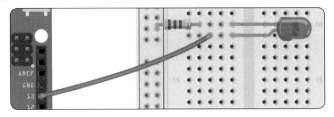

동작 과정 생각하기

1 아두이노 보드의 핀 모드를 설정합니다. LED를 연결하는 디지털 13번을 출력 모드로 설정합니다.

2 가변 저항이 출력하는 값을 LED가 켜지고 꺼지는 간격 값으로 사용합니다. 가변 저항을 돌려서 저항 값이 0에 가까울수록 LED가 빠르게 깜박입니다. 이 과정을 순서도로 표현하면 다음과 같습니다.

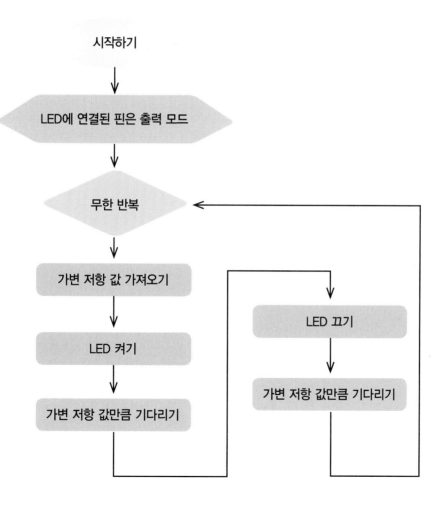

스케치 작성하기

1 컴퓨터에 아두이노 보드를 연결하고, 아두이노 소프트웨어에서 보드와 포트를 선택합니다.

2 아래 스케치를 작성합니다.

```
1   int potPin = 0;
2   int ledPin = 13;
3   int potValue = 0;
4
5   void setup() {
6     pinMode(ledPin, OUTPUT);
7   }
8
9   void loop() {
10    potValue = analogRead(potPin);
11
12    digitalWrite(ledPin, HIGH);
13    delay(potValue);
14    digitalWrite(ledPin, LOW);
15    delay(potValue);
16  }
```

3 체크(V) 버튼을 눌러 스케치에 오타가 있는지 확인합니다.

4 업로드(→) 버튼을 눌러 컴파일된 파일을 아두이노 보드에 업로드합니다.

5 가변 저항을 움직여서 LED가 깜박이는 속도가 달라지는지를 확인합니다.

스케치 살펴보기

❶ 변수 선언 부분입니다.

```
1   int potPin = 0;
```

```
2     int ledPin = 13;
3     int potValue = 0;
```

1번과 2번 줄에는 가변 저항과 LED를 연결하는 핀 번호를 할당합니다. 3번 줄에서 가변 저항의 값을 저장할 변수를 선언합니다.

❷ setup( ) 함수를 살펴봅시다.

```
5     void setup() {
6       pinMode(ledPin, OUTPUT);
7     }
```

LED를 연결하는 디지털 핀을 출력 모드로 설정합니다.

❸ loop( ) 함수를 살펴봅시다.

```
9     void loop() {
10      potValue = analogRead(potPin);
11
12      digitalWrite(ledPin, HIGH);
13      delay(potValue);
14      digitalWrite(ledPin, LOW);
15      delay(potValue);
16    }
```

10번 줄에서 가변 저항이 출력하는 값을 potValue 변수에 할당합니다. 12번 줄과 14번 줄에서는 LED를 켜고 끕니다. 13번과 15번 줄에서는 delay( ) 명령어에서 기다리는 시간을 가변 저항의 저항 값으로 정합니다. 그러면 가변 저항의 값이 작을수록 간격이 짧아집니다. 이 과정을 반복합니다.

🛠 디버깅 체크

LED가 깜박이는 간격이 변하지 않는다면, 회로와 스케치를 확인해 봅시다.

① 회로를 살펴봅시다. LED 핀은 극성이 존재하므로 +와 −를 정확하게 연결해야 합니다. 가변 저항 3개의 핀도 제대로 연결되었는지 확인해 봅니다.

② 스케치를 살펴봅시다. 가변 저항의 출력 값이 제대로 인식되는지 시리얼 모니터를 통해 변수에 저장된 값을 확인해 봅니다.

가변 저항으로 LED 밝기 조절하기

준비물 : ▦ 아두이노 보드×1, ▦ 브레드보드×1, ⦿ USB 케이블×1, ▮ 가변 저항×1,
▭▥▭ 저항(220옴)×1, ✎ 점퍼선×6, ◖▬ LED×1

가변 저항을 움직여서 LED의 밝기를 조절해 봅시다. 회로도를 따라 회로를 구성하
고, 아두이노 스케치를 작성하여 동작시켜 봅시다.

완성된 회로도

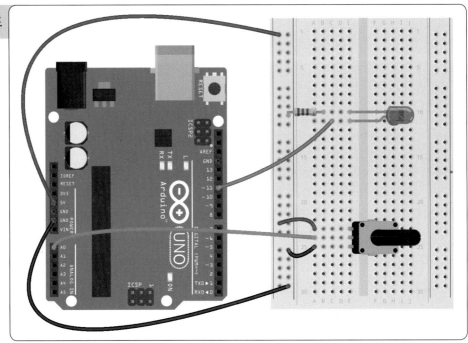

동작 과정 생각하기

1 아두이노 보드의 핀 모드를 설정합니다. LED를 연결하는 디지털 13번을 출력 모드로 설정합니다.

2 가변 저항이 출력하는 값을 LED의 밝기로 사용합니다. 가변 저항의 값 범위가 0부터 1023이고 이를 LED 밝기 범위인 0부터 255로 변환합니다.

이 과정을 순서도로 표현하면 다음과 같습니다.

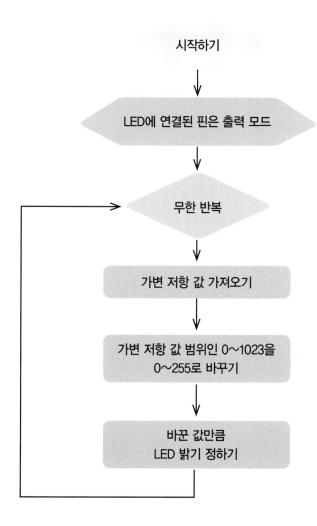

시작하기

LED에 연결된 핀은 출력 모드

무한 반복

가변 저항 값 가져오기

가변 저항 값 범위인 0~1023을
0~255로 바꾸기

바꾼 값만큼
LED 밝기 정하기

스케치 작성하기

1 컴퓨터에 아두이노 보드를 연결하고, 아두이노 소프트웨어에서 보드와 포트를 선택합니다.

2 아래 스케치를 작성합니다.

```
1   int potPin = 0;
2   int ledPin = 11;
3   int potValue = 0;
4   int brightness = 0;
5
6   void setup() {
7     pinMode(ledPin, OUTPUT);
8   }
9
10  void loop() {
11    potValue = analogRead(potPin);
12    brightness = map(potValue, 0, 1023, 0, 255);
13
14    analogWrite(ledPin, brightness);
15    delay(100);
16  }
```

3 체크(V) 버튼을 눌러 스케치에 오타가 있는지 확인합니다.

4 업로드(→) 버튼을 눌러 컴파일된 파일을 아두이노 보드에 업로드합니다.

5 가변 저항을 움직여서, LED의 밝기가 달라지는지를 확인합니다.

스케치 살펴보기

❶ 변수 선언 부분입니다.

```
1   int potPin = 0;
2   int ledPin = 11;
```

```
3    int potValue = 0;
4    int brightness = 0;
```

1번과 2번 줄에서는 가변 저항과 LED에 연결하는 아날로그 핀과 디지털 핀 번호를
할당합니다. 3번은 가변 저항이 출력하는 값을 할당할 변수를 선언하고, 4번 줄에서
는 값 범위를 변화시켜서 LED의 밝기 값으로 사용할 변수를 선언합니다.

❷ setup( ) 함수를 살펴봅시다.

```
6    void setup() {
7        pinMode(ledPin, OUTPUT);
8    }
```

LED를 연결하는 디지털 핀을 출력 모드로 설정합니다.

❸ loop( ) 함수를 살펴봅시다.

```
10   void loop() {
11       potValue = analogRead(potPin);
12       brightness = map(potValue, 0, 1023, 0, 255);
13
14       analogWrite(ledPin, brightness);
15       delay(100);
16   }
```

11번 줄에서 조도 센서가 측정한 값을 potValue 변수에 할당합니다. 12번 줄에서 potValue 변수에 저장된 값의 범위를 0부터 255사이의 값으로 변환하여 brightness 변수에 저장합니다. 14번 줄에서는 analogWrite( ) 명령어로 LED에 밝기 값을 전달합니다. 15번 줄에서 0.1초 동안 기다립니다.

🛠 디버깅 체크

가변 저항을 움직여도 LED의 밝기가 달라지지 않는다면, 회로와 스케치를 확인해 봅시다.

① 회로를 살펴봅시다. LED 핀은 극성이 존재하므로 +와 −를 정확하게 연결해야 합니다. 가변 저항 3개의 핀도 제대로 연결되었는지 확인해 봅니다.

② 가변 저항의 출력 값이 제대로 인식되는지 시리얼 모니터를 통해 가변 저항 값이 저장된 변수 값을 확인해 봅니다.

Check? Check!

1 가변 저항 1개를 이용하여, 다음 조건에 맞는 회로 및 코드를 만들어 봅시다.

조건

가변 저항이 나타내는 값의 범위(0~1023)을 거꾸로 변환하여 시리얼 모니터에 출력합니다.

Hint

map(value, fromLow, fromHigh, toLow, toHigh)에서 변환할 값인 toLow 보다 toHigh의 값이 작으면 값을 거꾸로 변환한다.
예를 들어, map(x, 1, 50, 50, 1)이라면 1부터 50까지의 값을 50부터의 1까지의 값으로 거꾸로 변환하게 된다. 즉 1은 50, 2는 49, 3은 48, …, 50은 1로 변환된다

2 LED 1개와 가변 저항 2개를 이용하여, 다음 조건에 맞는 회로 및 코드를 만들어 봅시다.

조건

1) LED는 일정 간격으로 깜박입니다.
2) 첫 번째 가변 저항으로는 LED가 깜박이는 속도를 조절합니다.
3) 두 번째 가변 저항으로는 LED의 밝기를 조절합니다.

Hint

1) LED가 깜박이는 속도를 조절하기 위해서는 가변 저항의 값을 일정한 범위 내로 변환하여 delay( )의 값으로 사용합니다.
2) LED의 밝기를 조절하기 위해서는 analogWrite( )의 입력 값을 가변 저항의 값을 일정한 범위 내로 변환하여 사용합니다.

Python Coding

파이썬으로 가변 저항과 LED를 제어하는 코드를 작성해 봅시다. 필요한 준비물과 회로도는 다음과 같습니다.

준비물 : 아두이노 보드×1, 브레드보드×1, USB 케이블×1, 가변 저항×1, 저항(220옴)×1, 점퍼선×6, LED×1

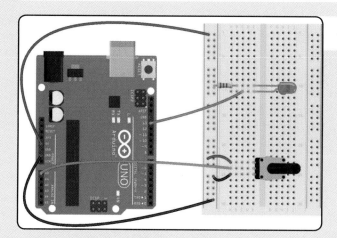

완성된 회로도

컴퓨터에 아두이노 보드를 연결한 뒤, 파이썬 IDE를 실행하여 다음 코드를 작성해 봅시다.

```python
1   from Arduino import Arduino
2   import time
3
4   potPin = 0
5   ledPin = 11
6
7   board = Arduino("9600", port="COM3")
8   board.pinMode(ledPin, "OUTPUT")
9
10  while True:
11      potValue = board.analogRead(potPin)
12      brightness = potValue / 4
```

Python Coding

```
13        board.analogWrite(ledPin, brightness)
14        time.sleep(0.1)
```

코드를 자세히 살펴봅시다. 먼저 설정 부분입니다.

```
1    from Arduino import Arduino
2    import time
3
4    potPin = 0
5    ledPin = 11
6
7    board = Arduino("9600", port="COM3")
8    board.pinMode(ledPin, "OUTPUT")
```

1~2번 줄은 코드에서 사용할 라이브러리를 불러옵니다. 4~5번 줄은 2개의 변수를 정의합니다. 7~8번 줄은 아두이노 보드의 통신 속도와 포트를 설정하고, LED를 연결할 11번 핀은 출력 모드로 설정합니다.

다음은 반복 동작하는 부분입니다.

```
10   while True:
11       potValue = board.analogRead(potPin)
12       brightness = potValue / 4
13       board.analogWrite(ledPin, brightness)
14       time.sleep(0.1)
```

11번 줄에서 가변 저항의 값을 potValue에 저장합니다. 12번 줄에서 LED의 밝기를 정할 brightness 변수에 potValue 값을 4로 나눈 값을 할당합니다. 가변 저항은 0부터 1023까지 값을 가질 수 있으며, LED는 0부터 255까지의 값을 가질 수 있습니다. 가변 저항의 값을 4로 나누면 LED 밝기의 값을 대략적으로 모두 사용할 수 있습니다. 13번 줄에서 LED에 brightness 값만큼 전기를 줍니다.

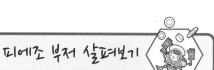

Chapter **11** Arduino

피에조 부저 제어하기

이번 활동은 전기를 이용하여 소리를 내는 전자 부품인 피에조 부저를 다룹니다. 피에조 부저를 이용하여 회로를 연결하고 코드를 작성하는 방법을 배워봅시다. 그리고 기울기 센서와 푸쉬 버튼을 이용하여 피에조 부저에 소리를 내는 방법을 배워봅시다.

피에조 부저 살펴보기

부저 또는 피에조 부저라고 하며, 피에조(압전) 효과를 이용하여 소리를 낼 수 있는 부품입니다.

피에조 효과란 수정이나 세라믹 같은 결정체의 성질을 이용하는 것으로 압력을 주게 되면 변형이 일어나면서 표면에 전압이 발생하고, 반대로 전압을 걸어주면 응축, 신장을 하는 현상을 말하며 압전 효과라고도 합니다. 여기에 얇은 판을 붙여주면 미세한 떨림으로 소리가 나게 됩니다. 피에조 부저는 큰 소리를 내지 못 하지만 값이 싸고 간단하게 사용할 수 있습니다.

스타터 키트에 포함된 부저는 PKM17EPP-4001-B0 모델로, 두 개의 핀이 달려 있습니다. 이 부저는 +극과 −극이 구분되어 있습니다.

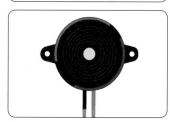

피에조 부저

위의 피에조 부저 이미지에서 검정색 선은 −극을 나타내고, 빨간색 선은 +극을 나타냅니다. +극에 해당하는 핀이 있는 쪽에 (+) 표시가 되어 있습니다.

피에조 부저로 소리내기

준비물 : 아두이노 보드×1, 브레드보드×1, USB 케이블×1, 피에조 부저×1,
점퍼선×2

피에조 부저에서 '도레미파솔라시도'를 출력해 봅시다. 회로도를 따라 회로를 구성하
고, 아두이노 스케치를 작성하여 동작시켜 봅시다.

완성된 회로도

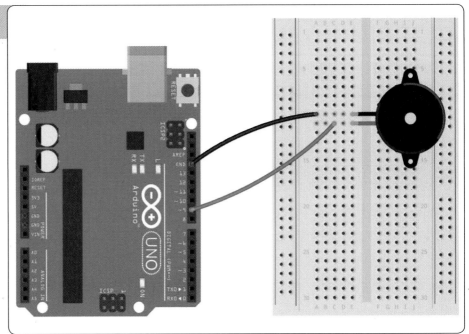

회로 구성하기

1 브레드보드에 피에조 부저 1개를 연결합니다.

2 피에조 부저의 +핀은 아두이노 보드의 디지털 9번 핀에 연결하고, 피에조 부저의 −핀은 아두 이노 보드의 GND에 연결합니다.

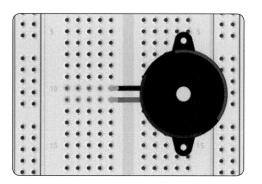

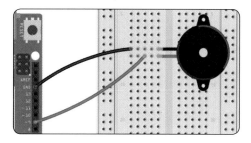

스케치 작성하기

1 컴퓨터에 아두이노 보드를 연결하고, 아두이노 소프트웨어에서 보드와 포트를 선택합니다.

2 아래 스케치를 작성합니다.

```
1   int buzzerPin = 9;
2
3   void setup(){
4   }
5
6   void loop(){
7     tone(buzzerPin, 262, 250);
8     delay(1000);
9     tone(buzzerPin, 294, 250);
10    delay(1000);
11    tone(buzzerPin, 330, 250);
12    delay(1000);
13    tone(buzzerPin, 349, 250);
14    delay(1000);
15    tone(buzzerPin, 392, 250);
```

```
16        delay(1000);
17        tone(buzzerPin, 440, 250);
18        delay(1000);
19        tone(buzzerPin, 494, 250);
20        delay(1000);
21        tone(buzzerPin, 523, 250);
22        delay(1000);
23    }
```

3 체크(V) 버튼을 눌러 스케치에 오타가 있는지 확인합니다.

4 업로드(→) 버튼을 눌러 컴파일된 파일을 아두이노 보드에 업로드합니다.

5 '도레미파솔라시도'가 1초 간격으로 재생되는지를 확인합니다.

스케치 살펴보기

❶ 변수 선언과 setup() 함수를 살펴봅시다.

```
1    int buzzerPin = 9;
2
3    void setup(){
4    }
```

buzzerPin 변수를 선언하고 부저를 연결할 디지털 핀 번호인 9를 저장합니다.

❷ loop() 함수를 살펴봅시다.

```
6    void loop(){
7      tone(buzzerPin, 262, 250);
8      delay(1000);
9      tone(buzzerPin, 294, 250);
10     delay(1000);
11     tone(buzzerPin, 330, 250);
12     delay(1000);
13     tone(buzzerPin, 349, 250);
```

```
14      delay(1000);
15      tone(buzzerPin, 392, 250);
16      delay(1000);
17      tone(buzzerPin, 440, 250);
18      delay(1000);
19      tone(buzzerPin, 494, 250);
20      delay(1000);
21      tone(buzzerPin, 523, 250);
22      delay(1000);
23    }
```

디버깅 체크

부저에서 소리가 나지 않는다면, 회로와 스케치를 확인해 봅시다.

① 회로를 살펴봅시다. 피에조 부저의 +극과 −극이 아두이노 보드와 제대로 연결되었는지 확인합니다. 또한 브레드보드에 제대로 연결되었는지 확인합니다.

② 스케치를 살펴봅시다. 실제로 연결한 디지털 핀 번호를 핀 번호 변수에 제대로 작성했는지 확인합니다.

7번 줄에서 tone( ) 함수를 이용하여 피에조 부저에 소리를 냅니다. 주파수 값 262인 도, 신호음의 지속 시간은 250ms로 실행합니다. 8번 줄에서 1초 동안 기다립니다. 다시 9번 줄부터 다시 레, 미, 파, 솔, 라, 시, 도를 출력합니다.

피에조 부저는 각 음을 출력할 수 있는 주파수 값을 사용합니다.

음계	도	레	미	파	솔	라	시	(높은)도
주파수	262	294	330	349	392	440	494	523

아두이노는 피에조 부저에서 원하는 주파수 값으로 소리를 출력할 수 있는 tone( ) 명령어를 제공합니다.

이번 코드에서 사용한 명령어를 살펴봅시다.

```
tone(pin, frequency, duration)
```

tone( ) 명령어는 pin, frequency, duration의 세 가지 값을 받습니다. pin은 부저에 연결된 디지털 핀 번호를 입력합니다. frequency는 부저가 출력할 주파수 값을 입력합니다. duration 해당 신호음을 지속하는 시간을 밀리초 값으로 입력합니다. duration 값은 입력해도 되고 입력하지 않아도 되는 선택 값입니다.

코드 개선하기

배열과 반복문을 이용하여 동일하게 동작하는 스케치를 작성해 봅시다.

이전 스케치를 살펴봅시다. 비슷한 명령어들이 계속 반복 사용되고 있습니다. 대표적으로 tone( ) 명령어를 총 8번 사용합니다. tone( ) 안에 들어가는 주파수 값만 다르고 핀 번호와 음 지속 시간은 모두 동일합니다. 스케치 상에서 반복되는 구조를 반복문과 배열을 이용하여 좀 더 간단하게 작성할 수 있습니다. 다음 스케치를 작성해 봅시다.

스케치 작성하기

1 컴퓨터에 아두이노 보드를 연결하고, 아두이노 소프트웨어에서 보드와 포트를 선택합니다.

2 아래 스케치를 작성합니다.

```
1    int buzzerPin = 9;
2    int frequencies[] = {262, 294, 330, 349, 392, 440, 494, 523};
3
4    void setup(){
5    }
6
7    void loop(){
8      for(int i = 0; i < 8; i++){
9        tone(buzzerPin, frequencies[i], 250);
10       delay(1000);
11     }
12   }
```

3 체크(V) 버튼을 눌러 스케치에 오타가 있는지 확인합니다.

4 업로드(→) 버튼을 눌러 컴파일된 파일을 아두이노 보드에 업로드합니다.

5 '도레미파솔라시도'가 1초 간격으로 재생되는지를 확인합니다.

스케치 살펴보기

❶ 변수 선언 부분입니다.

```
1    int buzzerPin = 9;
2    int frequencies[] = {262, 294, 330, 349, 392, 440, 494, 523};
```

2번 줄에서 frequencies라는 배열을 추가하였습니다. 배열이란 여러 개의 변수라고 생각하면 쉽습니다. 숫자면 숫자, 문자면 문자 등 동일한 형태의 데이터를 연속으로 저장할 수 있는 저장 공간입니다. 배열의 특징은 저장 공간 마다 위치 번호를 가지고 있습니다. frequencies[0]에는 262가 frequencies[1]에는 294가 저장되어 있습니다.

2번 줄에서 frequencies[] 배열에 할당된 값과 위치 값은 다음과 같습니다.

위치 값	0	1	2	3	4	5	6	7
저장된 값	262	294	330	349	392	440	494	523

❷ loop( ) 함수를 살펴봅시다.

```
7    void loop(){
8      for(int i = 0; i < 8; i++){
9        tone(buzzerPin, frequencies[i], 250);
10       delay(1000);
11     }
12   }
```

8번 줄에서 0부터 7까지 총 8번 동안 9번과 10번 줄을 반복합니다. 9번 줄에서는 frequencies[] 배열에 저장된 값을 0번 위치부터 7번 위치까지 하나씩 꺼내서 사용합니다.

10번 줄에서는 1초 동안 기다립니다.

기울기 센서로 부저를 소리 내기

준비물 : 아두이노 보드×1, 브레드보드×1, USB 케이블×1, 기울기 센서×1,
저항(220옴)×1, 점퍼선×6, 피에조 부저×1

부저와 기울기 센서를 이용하여 보드가 기울어지면 부저에서 소리가 나는 장치를 만들어 봅시다. 회로도를 따라 회로를 구성하고, 아두이노 스케치를 작성하여 동작시켜 봅시다.

완성된 회로도

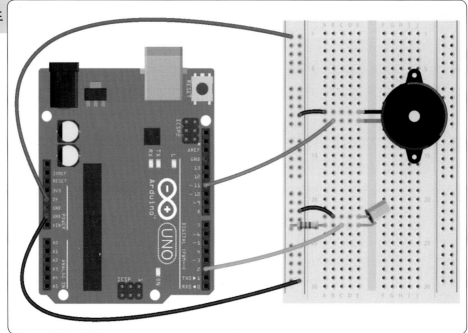

회로 구성하기

1 아두이노 보드에서 5V와 GND를 각각 브레드보드의 +와 – 전원선에 연결합니다.

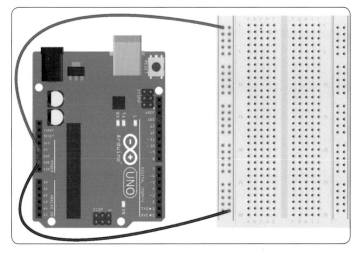

2 기울기 센서 핀은 2개입니다. 기울기 센서 핀은 극성이 구분되지 않습니다. 브레드보드에 기울기 센서를 연결합니다. 위쪽 핀은 10K옴 저항을 이용하여 브레드보드의 –선과 연결합니다. 그 사이에 점퍼선을 이용하여 아두이노 보드의 디지털 11번 핀과 연결합니다. 아래쪽 핀은 점퍼선을 이용하여 브레드보드의 +선과 연결합니다.

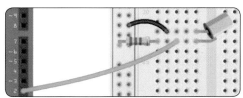

3 브레드보드에 부저를 연결해 봅시다. 부저는 핀이 2개입니다. 부저의 +핀을 아래쪽, –핀을 위쪽에 연결합니다. +핀은 아두이노 보드의 디지털 13번 핀과 연결합니다. –핀은 점퍼선을 이용하여 브레드보드의 –선과 연결합니다.

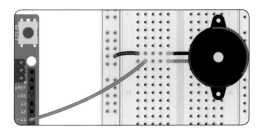

동작 과정 생각하기

1 아두이노 보드의 핀 모드를 설정합니다. 기울기 센서를 연결하는 디지털 2번은 입력 모드로 설정합니다. 부저를 연결하는 디지털 11번은 출력 모드로 설정합니다.

2 기울기 센서가 기울어지면 부저에서 소리가 출력되어야 합니다. 아두이노 보드가 계속해서 기울어졌는지를 확인해서 기울어졌다면 부저에서 소리가 나고, 기울어지지 않았다면 부저에서 소리가 나지 않습니다.

이 과정을 순서도로 표현하면 다음과 같습니다.

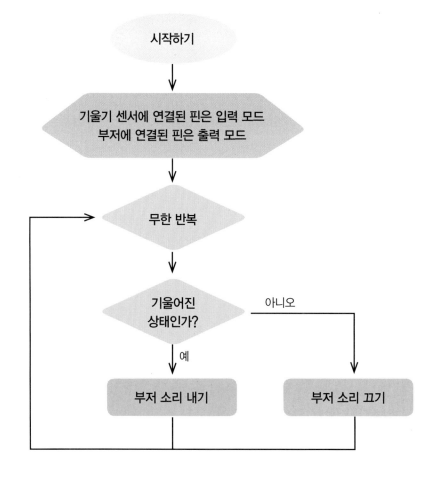

스케치 작성하기

1 컴퓨터에 아두이노 보드를 연결하고, 아두이노 소프트웨어에서 보드와 포트를 선택합니다.

2 아래 스케치를 작성합니다.

```
1    int inputPin = 2;
2    int outputPin = 11;
3
4    void setup() {
5      pinMode(inputPin, INPUT);
6      pinMode(outputPin, OUTPUT);
7    }
8
9    void loop() {
10     int inputState = digitalRead(inputPin);
11
12     if(inputState == HIGH) {
13       tone(outputPin, 294);
14     } else {
15       noTone(outputPin);
16     }
17   }
```

3 체크(V) 버튼을 눌러 스케치에 오타가 있는지 확인합니다.

4 업로드(→) 버튼을 눌러 컴파일된 파일을 아두이노 보드에 업로드합니다.

5 '도레미파솔라시도'가 1초 간격으로 재생되는지를 확인합니다.

코드 개선하기

기울기 센서가 기울어지면 한 소리만 나오는 것이 아니라 멜로디가 나오도록 바꿔 봅시다. 배열과 반복문을 사용하여 보다 쉽게 멜로디를 만들 수 있습니다. 이전 코드에서 몇 줄을 추가하면 됩니다.

스케치 작성하기

1 컴퓨터에 아두이노 보드를 연결하고, 아두이노 소프트웨어에서 보드와 포트를 선택합니다.

2 아래 스케치를 작성합니다.

```
1   int inputPin = 11;
2   int outputPin = 13;
3   int melody[] = {262, 294, 330, 349, 392, 440, 494, 523};
4
5   void setup() {
6     pinMode(inputPin, INPUT);
7     pinMode(outputPin, OUTPUT);
8   }
9
10  void loop() {
11    int inputState = digitalRead(inputPin);
12
13    if(inputState == HIGH) {
14      for(int i = 0; i < 8; i++){
15          tone(outputPin, melody[i]);
16          delay(50);
17      }
18    } else {
19          noTone(outputPin);
20    }
21  }
```

3 체크(V) 버튼을 눌러 스케치에 오타가 있는지 확인합니다.

4 업로드(→) 버튼을 눌러 컴파일된 파일을 아두이노 보드에 업로드합니다.

스케치 살펴보기

❶ 변수 선언 부분입니다.

```
1    int inputPin = 11;
```

```
2    int outputPin = 13;
3    int melody[] = {262, 294, 330, 349, 392, 440, 494, 523};
```

3번 줄에서 melody라는 배열을 추가하였습니다. melody[] 배열에 저장된 값과 위치 값은 다음과 같습니다.

지정된 값	262	294	330	349	392	440	494	523
위치 값	0	1	2	3	4	5	6	7

melody[] 배열에 저장된 값을 사용하는 코드는 14번 줄부터 16번 줄까지입니다.

```
13      if(inputState == HIGH) {
14        for(int i = 0; i < 8; i++){
15          tone(outputPin, melody[i]);
16          delay(50);
17        }
```

14번 줄에 있는 for문은 0부터 7까지 8번 동안 반복합니다. melody[] 배열에는 0 부터 7까지 총 8개의 주파수 값이 저장되어 있습니다. 이를 0부터 하나씩 가져와서 tone( ) 명령어로 실행합니다.

melody[] 배열에 특정 노래의 음계를 순서대로 저장하고, 그 수만큼 반복해서 소리 내게 만든다면, 노래를 연주하는 코드를 만들 수 있습니다.

🔧 디버깅 체크

기울기 센서를 기울여도 부저에서 소리가 나지 않는다면, 회로와 스케치를 확인해 봅시다.

① 회로를 살펴봅시다. 부저 핀은 극성이 존재하므로 +와 −를 정확하게 연결해야 합니다. 기울기 센서의 연결 상태도 확인해 봅니다.

② 스케치를 확인해 봅시다. 기울기 센서의 상태가 제대로 인식되는지 시리얼 모니터를 통해 inputState 변수의 값을 확인해 봅니다. for문에서 조건식을 잘 확인해야 합니다.

푸쉬 버튼으로 부저 소리 내기

준비물 : 아두이노 보드×1, 브레드보드×1, USB 케이블×1, 푸쉬 버튼×1, 저항(10K옴)×1 점퍼선×5, 피에조 부저×1

푸쉬 버튼을 누르면 부저에서 소리가 나는 예제를 만들어 봅시다. 회로도를 따라 회로를 구성하고, 아두이노 스케치를 작성하여 동작시켜 봅시다.

완성된 회로도

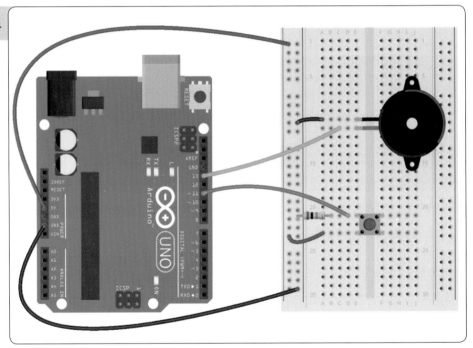

회로 구성하기

1 아두이노 보드에서 5V와 GND를 각각 브레드보드의 +와 − 전원선에 연결합니다.

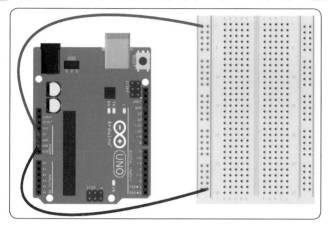

2 브레드보드에 푸쉬 버튼을 연결합니다. 왼쪽 위쪽 핀은 10k옴 저항을 이용하여 브레드보드의 −선과 연결합니다. 그 사이에 점퍼선을 이용하여 아두이노 보드의 디지털 11번 핀과 연결합니다. 왼쪽 아래쪽 핀은 점퍼선을 이용하여 브레드보드의 +선과 연결합니다.

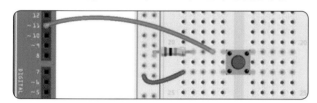

3 브레드보드에 부저를 연결해 봅시다. 부저는 핀이 2개입니다. 부저의 +핀을 아래쪽, −핀을 위쪽에 끼웁니다. +핀은 아두이노 보드의 디지털 13번 핀과 연결합니다. 부저의 −핀은 점퍼선을 이용하여 브레드보드의 −선에 연결합니다.

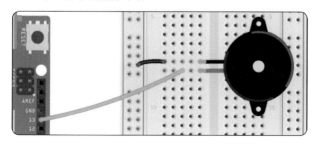

동작 생각하기

1 먼저 아두이노 보드의 핀 모드를 설정합니다. 디지털 11번에 푸쉬 버튼을 연결하고 디지털 13번에 부저를 연결합니다. 디지털 13번은 출력 모드, 디지털 11번은 입력 모드로 설정합니다.

2 푸쉬 버튼을 누르면 부저에서 소리가 나야 합니다. 아두이노 보드가 계속해서 버튼이 눌러졌는지를 확인해서, 버튼이 눌러졌다면, 부저에서 소리가 나게 하고, 버튼이 눌러지지 않았다면 부저의 소리를 꺼야 합니다.

이 과정을 순서도로 표현하면 다음과 같습니다.

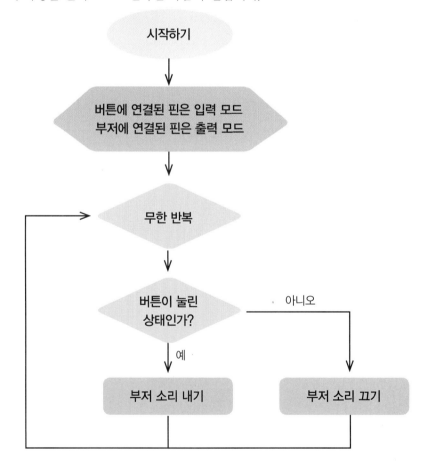

스케치 작성하기

1 컴퓨터에 아두이노 보드를 연결하고, 아두이노 소프트웨어에서 보드와 포트를 선택합니다.

2 아래 스케치를 작성합니다.

```
1    int inputPin = 11;
2    int outputPin = 13;
3
4    void setup() {
5      pinMode(inputPin, INPUT);
6      pinMode(outputPin, OUTPUT);
7    }
8
9    void loop() {
10     int inputState = digitalRead(inputPin);
11
12     if(inputState == HIGH) {
13       tone(outputPin, 294);
14   } else {
15       noTone(outputPin);
16   }
17   }
```

3 체크(∨) 버튼을 눌러 스케치에 오타가 있는지 확인합니다.

4 업로드(→) 버튼을 눌러 컴파일된 파일을 아두이노 보드에 업로드합니다.

5 기울어졌을 때 피에조 부저에서 소리가 나는지를 확인합니다.

스케치 살펴보기

❶ 변수 선언 부분입니다.

```
1    int inputPin = 11;
2    int outputPin = 13;
```

inputPin과 outputPin 변수를 정의하고 inputPin 변수에는 11을 outputPin 변수
에는 13이라는 숫자를 저장합니다.

❷ setup( ) 함수를 살펴봅시다.

```
4    void setup() {
5      pinMode(inputPin, INPUT);
6      pinMode(outputPin, OUTPUT);
7    }
```

setup( ) 함수에는 inputPin 번호를 입력 모드(INPUT)로, outputPin 번호를 출력
모드(OUTPUT)로 설정합니다. 핀 모드를 설정해야 아두이노 보드의 해당 디지털 핀
을 사용할 수 있습니다.

❸ loop( ) 함수를 살펴봅시다.

```
9    void loop() {
10     int inputState = digitalRead(inputPin);
11
12     if(inputState == HIGH) {
13       tone(outputPin, 294);
14     } else {
15       noTone(outputPin);
16     }
17   }
```

10번 줄에 버튼의 상태를 저장할 수 있는 inputState 변수를 선언합니다. 그리고 버
튼의 상태를 확인하여 눌러졌으면 HIGH, 그렇지 않다면 LOW를 저장합니다. 12번
줄에서 inputState 변수 값이 HIGH이면 13번 줄에 있는 코드를 실행합니다. 13번
줄은 outputPin인 13번 핀에 연결된 부저에게 주파수 294를 출력하도록 합니다. 주
파수 294는 '레' 음을 나타냅니다. inputState 변수에 저장된 값이 HIGH가 아니라
면, 15번 줄에 있는 코드를 실행합니다. 15번 줄은 13번 핀에 연결된 부저에게 소리를
끄도록 합니다. 이 과정을 반복합니다.

이번 코드에서 사용한 명령어를 살펴봅시다.

```
tone(pin, frequency, duration);
```

tone( ) 명령어는 지정된 핀(pin)에 연결된 부저에 입력한 주파수(frequency)에 해당하는 소리를 내도록 합니다. 출력지속 시간(duration)을 지정할 수도 있고, 지정하지 않으면 소리가 계속 출력됩니다.

```
noTone(pin);
```

noTone( ) 명령어는 해당 핀 번호(pin)에 연결된 부저의 소리를 끄게 합니다. tone( ) 명령어에서 출력지속 시간을 지정하지 않았다면, 반드시 noTone( ) 명령어를 사용해야 소리를 끌 수 있습니다.

주파수 값을 직접 써야 하나요?

#define을 사용하면 특정 숫자에 이름을 붙여줄 수 있습니다. 예를 들어 '도'의 주파수 값인 262에 NOTE_C4 라는 이름을 붙여줄 수 있습니다. 이를 코드로 작성하면 다음과 같습니다. 여기서 NOTE_C4를 상수명, 262를 상수라고 합니다.

```
#define NOTE_C4 262
```

#define 은 다음과 같은 형태로 사용할 수 있습니다.

```
#define 상수명 상수
```

이전 코드에서 코드 가장 위에 아래 코드를 추가하면, 주파수 음 대신에 사람들이 좀 더 알기 쉬운 형태의 이름으로 사용할 수 있습니다.

```
#define NOTE_C4 262 // 도
#define NOTE_D4 294 // 레
#define NOTE_E4 330 // 미
#define NOTE_F4 349 // 파
#define NOTE_G4 392 // 솔
#define NOTE_A4 440 // 라
#define NOTE_B4 494 // 시
#define NOTE_C5 523 // 높은 도
```

🛠 디버깅 체크

버튼을 눌러도 부저에서 소리가 나지 않는다면, 회로와 스케치를 확인해 봅시다.

① 회로를 살펴봅시다. 부저 핀은 극성이 존재하므로 +와 -를 정확하게 연결해야 합니다. 버튼의 연결 상태도 확인해 봅니다.

② 스케치를 살펴봅시다. 먼저, 오타를 확인하고, 버튼의 상태가 제대로 인식되는지 시리얼 모니터를 통해 inputState 변수의 값을 확인해 봅니다.

조도 센서로 부저 소리 내기

준비물 : ![아두이노 보드] 아두이노 보드×1, ![브레드보드] 브레드보드×1, ![USB 케이블] USB 케이블×1, ![조도 센서] 조도 센서×1, ![저항] 저항(10K옴)×1, ![점퍼선] 점퍼선×6, ![피에조 부저] 피에조 부저×1

조도 센서를 이용하여 주변의 밝기에 따라 부저에서 소리가 나오도록 하는 예제를 만들어 봅시다. 회로도를 따라 회로를 구성하고, 아두이노 스케치를 작성하여 동작 시켜 봅시다.

완성된 회로도

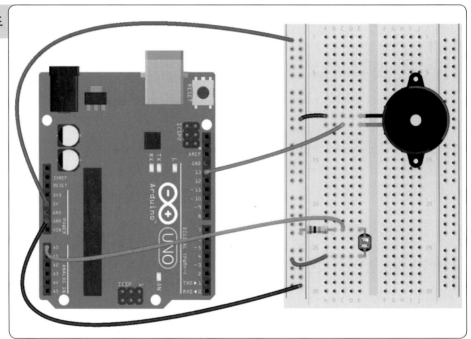

회로 구성하기

1 아두이노 보드에서 5V와 GND를 각각 브레드보드의 +와 − 전원선에 연결합니다.

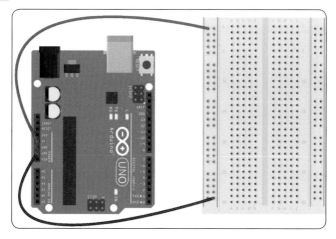

2 조도 센서 핀은 2개입니다. 조도 센서 핀은 극성이 구분되지 않습니다. 브레드보드에 조도 센서를 연결합니다. 위쪽 핀은 10K옴 저항을 이용하여 브레드보드의 −선과 연결합니다. 그 사이에 점퍼선을 이용하여 아두이노 보드의 아날로그 0번과 연결합니다. 아래쪽 핀은 점퍼선을 이용하여 브레드보드의 +선과 연결합니다.

3 브레드보드에 부저를 연결합니다. 부저의 +극 핀에는 디지털 13번에 연결합니다.

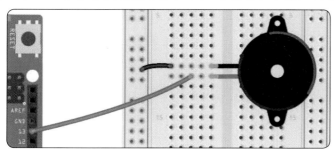

동작 과정 생각하기

1 아두이노 보드의 핀 모드를 설정합니다. 디지털 13번에 연결된 부저를 출력 모드로 사용합니다.

2 주변의 밝기에 따라 부저에서 소리가 나도록 합니다. 조도 센서가 측정한 밝기를 부저의 주파수 값으로 변환하여 사용합니다.

이 과정을 순서도로 표현하면 다음과 같습니다.

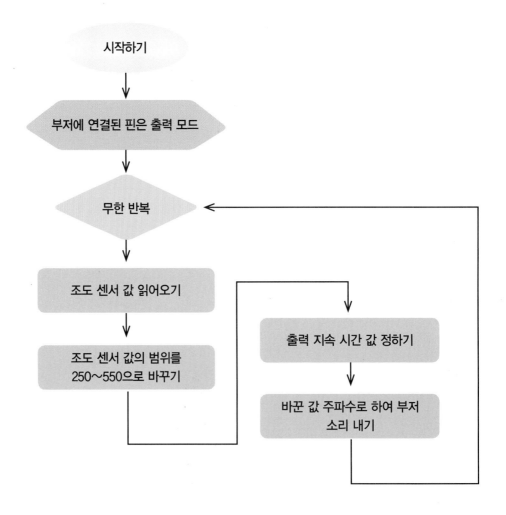

스케치 작성하기

1 컴퓨터에 아두이노 보드를 연결하고, 아두이노 소프트웨어에서 보드와 포트를 선택합니다.

2 아래 스케치를 작성합니다.

```
1   int inputPin = 0;
2   int outputPin = 13;
3   int inputValue = 0;
4   int frequency = 0;
5   int duration = 0;
6
7   void setup(){
8      pinMode(outputPin, OUTPUT);
9   }
10
11  void loop(){
12     inputValue = analogRead(inputPin);
13     frequency = map(inputValue, 0, 1023, 250, 550);
14     duration = 500;
15     tone(outputPin, frequency, duration);
16     delay(500);
17  }
```

3 체크(V) 버튼을 눌러 스케치에 오타가 있는지 확인합니다.

4 업로드(→) 버튼을 눌러 컴파일된 파일을 아두이노 보드에 업로드합니다.

5 조도 센서 주변의 밝기를 조절하면 다른 소리가 나는지를 확인합니다.

스케치 살펴보기

❶ 변수 선언 부분입니다.

```
1   int inputPin = 0;
2   int outputPin = 13;
```

```
3    int inputValue = 0;
4    int frequency = 0;
```

1번과 2번 줄에서는 조도 센서를 연결하는 아날로그 핀 0번과 부저를 연결하는 디지털 핀 13번을 각 변수에 할당합니다. 3번 줄에서는 조도 센서가 측정한 값을 할당받을 변수를 선언하고, 4번과 5번 줄에서는 tone( )에서 사용할 주파수 값과 출력 지속 시간 변수를 선언합니다.

❷ setup( ) 함수를 살펴봅시다.

```
7    void setup(){
8      pinMode(outputPin, OUTPUT);
9    }
```

부저를 연결하는 디지털 핀을 출력 모드로 설정합니다.

❸ loop( ) 함수를 살펴봅시다.

```
11   void loop(){
12     inputValue = analogRead(inputPin);
13     frequency = map(inputValue, 0, 1023, 250, 550);
14     duration = 500;
15     tone(outputPin, frequency, duration);
16     delay(500);
17   }
```

12번 줄에서 조도 센서가 측정한 값을 inputValue 변수에 저장합니다. 13번 줄에서 inputValue 변수의 값을 부저에서 사용할 주파수 값으로 변환합니다. 조도 센서가 측정할 수 있는 값의 범위인 0부터 1023을 250부터 550 사이의 값으로 변환하여 frequency 변수에 저장합니다. 주파수는 250Hz부터 520Hz 사이의 값을 사용합니다. 이것은 4옥타브의 '도'부터 5옥타브의 '도'까지의 주파수 값 범위와 유사합니다. 14번 줄에서는 신호음의 지속 시간으로 사용될 duration 변수에 500을 저장합니다. 15

번 줄에서 tone( ) 명령어로 부저에 해당 주파수와 지속 시간에 맞춰 소리를 출력합니다. 지속 시간은 0.5초입니다. 16번 줄에서 0.5초간 기다립니다.

옥타브 및 음계별 표준 주파수는 다음과 같습니다. 이 값을 이용하여 부저에 해당 음을 직접 출력할 수 있습니다.

옥타브 및 음계별 표준 주파수(단위 : Hz)

	1	2	3	4	5	6	7	8
C(도)	32.7032	65.4064	130.8128	2161.6256	523.2511	1046.502	2093.005	4186.009
C#	34.6478	69.2957	138.5913	277.1826	554.3653	1108.731	2217.461	4434.922
D(레)	36.7081	73.4162.	146.8324	293.6648	622.2540	1244.508	2489.016	4698.636
D#	38.8909	77.7817	155.5635	311.1270	622.2540	1244.508	2489.016	4978.032
E(미)	41.2034	82.4069	164.8138	329.6276	659.2551	1318.510	2637.020	5274.041
F(파)	43.6535	87.3071	174.6141	349.2282	698.4565	1396.913	2793.826	5587.652
F#	46.2493	92.6986	184.9972	369.9944	739.9888	1479.978	2959.955	5919.911
G(솔)	48.9994	97.9989	195.9977	391.9954	783.9909	1567.982	3135.963	6271.927
G#	51.9130	103.8262	207.6523	415.3047	830.6094	1661.219	3322.438	6644.875
A(라)	55.0000	110.0000	220.0000	440.0000	880.0000	1760.000	3520.000	7040.000
A#	58.2705	116.5409	233.0819	466.1638	932.3275	1864.655	3729.310	7458.620
B(시)	61.7354	123.4708	246.9417	493.8833	987.7666	1975.533	3951.066	7902.133

🔧 디버깅 체크

원하는 대로 부저에서 소리가 나지 않으면, 회로와 스케치를 확인해 봅시다.

① 회로를 살펴봅시다. 조도 센서 핀은 극성이 없지만 부저 핀은 극성이 존재하므로 +와 −를 정확하게 연결해야 합니다.

② 스케치를 살펴봅시다. 주파수로 사용될 값이 제대로 계산되는지를 시리얼 모니터를 통해 확인해 봅니다.

가변 저항으로 부저 소리 내기

준비물 : ▦ 아두이노 보드×1, ▦ 브레드보드×1, ᛝ USB 케이블×1, ▮ 가변 저항×1,
● 피에조 부저×1 ✎ 점퍼선×7

이번에는 가변 저항 1개와 피에조 부저 1개를 이용하여, 가변 저항의 값을 주파수 값
으로 변환하여 부저가 소리를 내도록 만들어 봅시다. 회로도를 따라 회로를 구성하
고, 아두이노 스케치를 작성하여 동작시켜 봅시다.

완성된 회로도

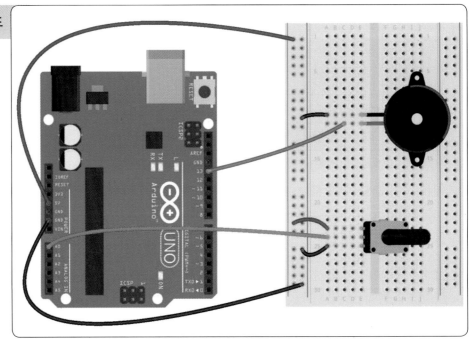

회로 구성하기

1 아두이노 보드의 5V와 GND를 각각 브레드보드의 +와 − 전원선에 연결합니다. 아두이노 보드의 5V는 브레드보드의 전원 영역에 있는 +(빨간색)선에 연결합니다. 아두이노 보드의 GND는 브레드보드의 전원 영역에 있는 −(검은색)선에 연결합니다.

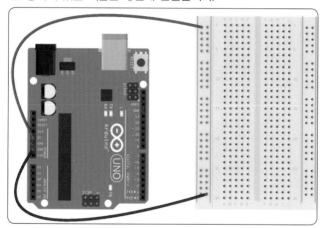

2 아두이노 보드에 가변 저항을 연결해 봅시다. 가변 저항 핀은 3개입니다. 가운데 핀이 저항 값을 출력하는 핀이고 나머지 핀이 하나는 +극, 다른 하나는 −극입니다. 브레드보드에 가변 저항을 연결합니다. 위쪽 핀은 점퍼선으로 브레드보드의 +선과 연결합니다. 가장 아래쪽 핀은 점퍼선으로 브레드보드의 −선과 연결합니다. 가운데 핀은 점퍼선을 이용하여 아두이노 보드의 아날로그 0번 핀과 연결합니다.

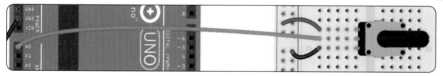

3 아두이노 보드에 부저를 연결합니다. 부저의 +극 핀은 디지털 13번 핀과 연결합니다.

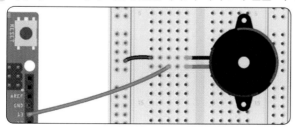

동작 과정 생각하기

1 아두이노 보드의 핀 모드를 설정합니다. 디지털 13번에 연결된 부저를 사용하기
위해서는 출력 모드로 설정해야 합니다.

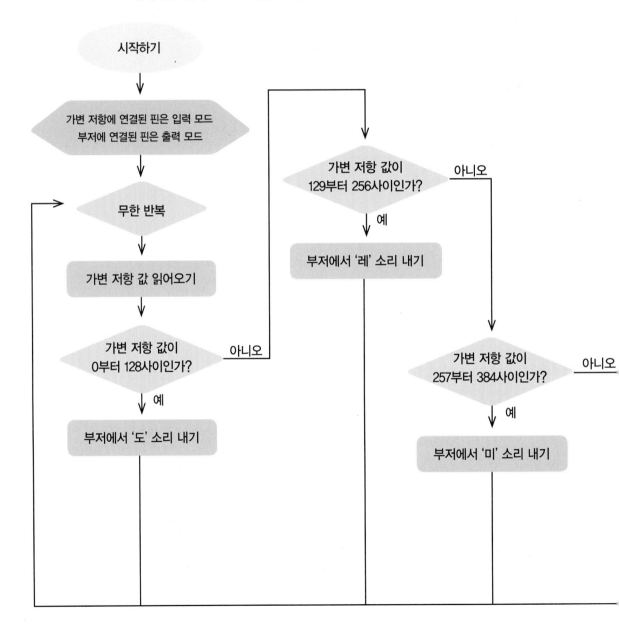

2 가변 저항이 출력하는 값을 부저가 소리 내는 주파수 값으로 사용합니다. 가변 저항의 값 범위가 0부터 1023까지이고, 이 값을 도, 레, 미, 파, 솔, 라, 시, 도의 음으로 출력되도록 합니다.

이 과정을 순서도로 표현하면 다음과 같습니다.

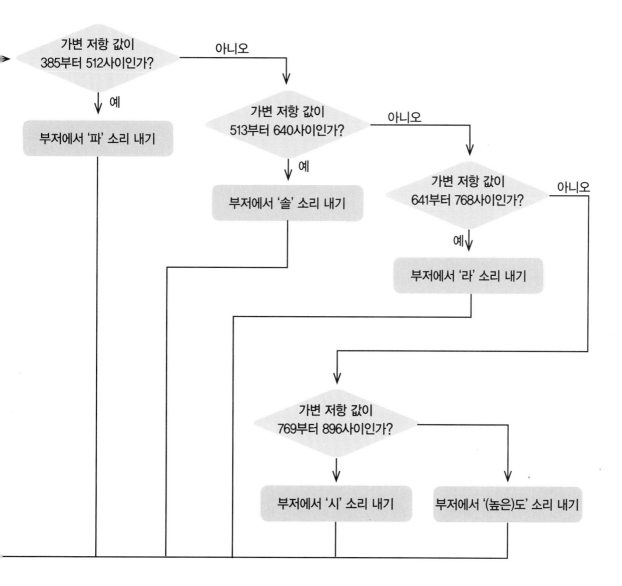

스케치 작성하기

1 컴퓨터에 아두이노 보드를 연결하고, 아두이노 소프트웨어에서 보드와 포트를 선택합니다.

2 아래 스케치를 작성합니다.

```
1   int outputPin = 13;
2   int inputPin = 0;
3   int inputValue = 0;
4
5   void setup() {
6     pinMode(outputPin, OUTPUT);
7   }
8
9   void loop() {
10    inputValue = analogRead(inputPin);
11
12    if (0 <= inputValue && inputValue <= 128) {
13      tone(outputPin, 262);
14    } else if (129 <= inputValue && inputValue <= 256) {
15      tone(outputPin, 294);
16    } else if (257 <= inputValue && inputValue <= 384) {
17      tone(outputPin, 330);
18    } else if (385 <= inputValue && inputValue <= 512) {
19      tone(outputPin, 349);
20    } else if (513 <= inputValue && inputValue <= 640) {
21      tone(outputPin, 392);
22    } else if (641 <= inputValue && inputValue <= 768) {
23      tone(outputPin, 440);
24    } else if (769 <= inputValue && inputValue <= 896) {
25      tone(outputPin, 494);
26    } else {
27      tone(outputPin, 523);
28    }
29  }
```

3 체크(V) 버튼을 눌러 스케치에 오타가 있는지 확인합니다.

4 업로드(→) 버튼을 눌러 컴파일된 파일을 아두이노 보드에 업로드합니다.

5 가변 저항을 움직여서 '도레미파솔라시도' 음이 나는지를 확인합니다.

스케치 살펴보기

❶ 변수 선언 부분입니다.

```
1    int outputPin = 13;
2    int inputPin = 0;
3    int inputValue = 0;
```

outputPin에는 13을 저장하여 부저에 연결할 디지털 핀 번호를 저장합니다. inputPin 변수에는 가변 저항에 연결할 아날로그 핀 번호인 0을 저장합니다. 그리고 가변 저항이 출력하는 값을 저장할 변수로 inputValue로 정하고 초기값으로 0을 저장합니다.

❷ loop( ) 함수를 살펴봅시다.

```
12    if (0 <= inputValue && inputValue <= 128) {
13      tone(outputPin, 262);
14    } else if (129 <= inputValue && inputValue <= 256) {
15      tone(outputPin, 294);
16    } else if (257 <= inputValue && inputValue <= 384) {
17      tone(outputPin, 330);
18    } else if (385 <= inputValue && inputValue <= 512) {
19      tone(outputPin, 349);
20    } else if (513 <= inputValue && inputValue <= 640) {
21      tone(outputPin, 392);
22    } else if (641 <= inputValue && inputValue <= 768) {
23      tone(outputPin, 440);
24    } else if (769 <= inputValue && inputValue <= 896) {
25      tone(outputPin, 494);
26    } else {
```

```
27        tone(outputPin, 523);
28    }
```

12번 줄에서 inputValue 값이 0과 128 사이에 있는지 확인합니다. 값이 해당 조건을 충족한다면 13번 줄에서 부저에 '도' 소리를 출력하도록 명령합니다. 조건문인 if() 문에서 &&는 '그리고'를 의미합니다. 즉, 0 <= inputValue 가 참이 되어야 하고, inputValue <= 128도 참이 되어야 조건이 만족합니다. 이 조건을 만족하지 않는다면 다시 16번 줄에 있는 조건을 확인합니다. 조건이 참이면 18번 줄을 실행하고, 그렇지 않다면 18번 줄에서 다시 조건을 확인합니다. 이런 식으로 24번 줄의 조건까지 확인합니다. 24번 줄의 조건까지 맞지 않는다면 27번 줄을 실행합니다. 따라서 가변 저항의 값을 구분하여 해당 조건에 맞으면 부저에 정한 소리를 출력하도록 합니다.

🛠 디버깅 체크

가변 저항을 돌려도 부저에 소리가 나지 않는다면, 회로와 스케치를 확인해 봅시다.

① 회로를 살펴봅시다. 가변 저항과 부저에 핀이 제대로 연결되었는지 확인합니다. 또한 가변 저항은 아날로그 핀에, 부저는 디지털 핀에 연결되었는지도 확인합니다.

② 스케치를 살펴봅시다. 시리얼 모니터를 통해 가변 저항 값이 제대로 인식되는지도 확인해 봅니다. 프로그램 코드의 오타도 확인합니다. 이번 예제에는 조건식이 많이 사용되기 때문에 괄호를 통한 구분이 제대로 되었는지도 확인합니다.

Check? Check!

1 피에조 부저 1개를 이용하여, 다음 조건에 맞는 회로 및 코드를 만들어 봅시다.

조건

　1) 반복문(for문 또는 while문)을 사용합니다.

　2) 주파수 값이 200부터 300까지 10씩 증가하면서, 1초 간격으로 소리를 재생합니다.

2 피에조 부저 1개를 이용하여, 다음 조건에 맞는 회로 및 코드를 만들어 봅시다.

조건

　1) 배열을 사용하여 동요 '비행기'를 연주하는 코드를 작성해 봅시다.

　2) 계이름 : 미레도레미미미 / 레레레 / 미미미 / 미레도레미미미 / 레레미레도

3 피에조 부저 1개와 가변 저항 1개를 이용하여, 다음 조건에 맞는 회로 및 코드를 만들어 봅시다.

조건

　1) 피에조 부저는 '도레미파솔라시도'를 일정한 간격으로 재생합니다.

　2) 가변 저항을 이용하여 음 재생되는 간격을 짧거나 길게 변경합니다.

Hint

　1) 피에조 부저에서 재생할 음의 주파수를 저장한 배열

```
int melody[] = {262, 294, 330, 349, 392, 440, 494, 523};
```

　2) 음이 재생되는 간격은 tone( ) 명령어의 신호음 지속 시간 값을 변경하거나, delay( )의 값으로 조절할 수 있습니다.

Python Coding

파이썬으로 피에조 부저에서 기본 도(C4)를 소리 내는 코드를 작성해 봅시다. 필요한 준비물과 회로도는 다음과 같습니다.

준비물 : 아두이노 보드×1, 브레드보드×1, USB 케이블×1, 피에조 부저×1 점퍼선×7

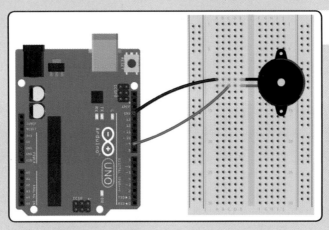

완성된 회로도

컴퓨터에 아두이노 보드를 연결한 뒤, 파이썬 IDE를 실행하여 다음 코드를 작성해 봅시다.

```python
1   from Arduino import Arduino
2   import time
3
4   buzzerPin = 9
5
6   board = Arduino("9600", port = "COM3")
7   board.pinMode(buzzerPin, "OUTPUT")
8
9   while True:
10      board.digitalWrite(buzzerPin, "HIGH")
11      time.sleep(0.001911)
12      board.digitalWrite(buzzerPin, "LOW")
13      time.sleep(0.001911)
```

코드를 자세히 살펴봅시다. 먼저 설정 부분입니다.

```
1    from Arduino import Arduino
2    import time
3
4    buzzerPin = 9
5
6    board = Arduino("9600", port = "COM3")
7    board.pinMode(buzzerPin, "OUTPUT")
```

1~2번은 코드에서 사용할 라이브러리를 불러옵니다. 4번은 buzzerPin 변수를 정의합니다. 6~7번은 아두이노 보드의 통신 속도와 포트를 설정하고, 부저를 연결할 9번 핀은 출력 모드로 설정합니다.

다음은 반복 동작하는 부분입니다.

```
10   while True:
11       board.digitalWrite(buzzerPin, "HIGH")
12       time.sleep(0.001911)
13       board.digitalWrite(buzzerPin, "LOW")
14       time.sleep(0.001911)
```

부저가 연결된 9번 핀에 전기를 주고(HIGH), 끄는(LOW) 간격을 0.001911초(1911마이크로초)로 설정합니다. 기본 도(C4)는 262Hz(1초당 262번 진동)입니다. 즉 1번 진동할 때 3.822밀리초가 걸립니다. 3.822밀리초는 3822마이크로초입니다. 즉, 3822마이크로초 동안 주파수가 높아졌다가(HIGH), 낮아짐(LOW)이 한 번 반복되는 것이며, 1911마이크로초 동안 높아지고, 다시 1911마이크로 초 동안 낮아짐을 번갈아가면서 반복하여 진동하면 262Hz의 음을 만들 수 있습니다.

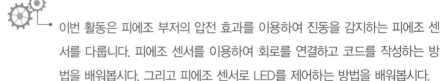

피에조 센서 제어하기

 이번 활동은 피에조 부저의 압전 효과를 이용하여 진동을 감지하는 피에조 센서를 다룹니다. 피에조 센서를 이용하여 회로를 연결하고 코드를 작성하는 방법을 배워봅시다. 그리고 피에조 센서로 LED를 제어하는 방법을 배워봅시다.

피에조 센서로 진동 감지하기

준비물 : 아두이노 보드×1, 브레드보드×1, USB 케이블×1, 피에조 센서×1, 저항(1M옴)×1, 점퍼선×2

누군가 문을 두드렸을 때, 문이 진동하는 것을 감지하여 소리를 내거나 빛을 내는 장치를 만들 수 있습니다. 피에조 센서는 문이 진동하는 것을 감지할 수 있는 센서입니다. 먼저 피에조 센서로 진동을 감지하는 장치를 만들어 봅시다.

완성된 회로도

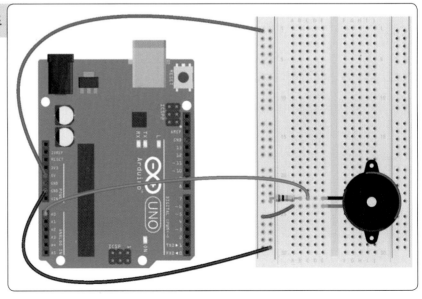

회로 구성하기

1 브레드보드에 피에조 센서를 연결합니다.

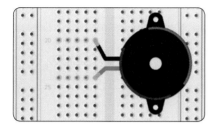

2 피에조 센서의 +핀과 −핀 사이에 1M옴 저항을 연결합니다.

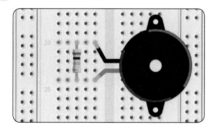

3 피에조 센서의 −핀은 검정색 점퍼선을 이용하여 아두이노 보드의 GND와 연결합니다.

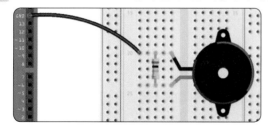

4 피에조 센서의 +핀은 파란색 점퍼선을 이용하여 아두이노 보드의 아날로그 0번과 연결합니다.

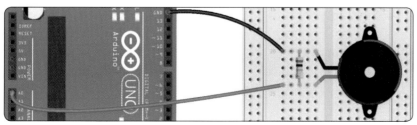

스케치 작성하기

1 컴퓨터에 아두이노 보드를 연결하고, 아두이노 소프트웨어에서 보드와 포트를 선택합니다.

2 아래 스케치를 작성합니다.

```
1   int piezo = 0;
2
3   void setup(){
4     Serial.begin(9600);
5   }
6
7   void loop(){
8     Serial.println(analogRead(piezo));
9     delay(100);
10  }
```

3 체크(V) 버튼을 눌러 스케치에 오타가 있는지 확인합니다.

4 업로드(→) 버튼을 눌러 컴파일된 파일을 아두이노 보드에 업로드합니다.

5 시리얼 모니터를 실행한 후, 피에조 센서를 두드려서 측정한 값이 시리얼 모니터에 출력되는지 확인합니다.

스케치 살펴보기

❶ 변수 선언 부분입니다.

```
1   int piezo = 0;
2
3   void setup(){
4     Serial.begin(9600);
5   }
```

1번 줄에서 piezo 변수에 아날로그 핀 번호인 0을 할당합니다. 4번 줄에서 시리얼 모니터를 사용하기 위해 통신 설정을 합니다.

❷ loop() 함수를 살펴봅시다.

```
7    void loop(){
8      Serial.println(analogRead(piezo));
9      delay(100);
10   }
```

8번 줄에서 piezo 변수에 저장된 아날로그 0번의 측정 값을 읽어와서 시리얼 모니터에 출력합니다. 그리고 9번 줄에서 0.01초 간격을 두어 시리얼 모니터에 출력되는 값을 눈으로 확인할 수 있게 합니다.

피에조 센서는 마치 노크 센서처럼 사용할 수 있습니다. 즉, 피에조 센서는 노크(물리적 압력)에 반응하여 전압을 발생시키게 되고 이를 측정하여 노크가 되었는지를 확인할 수 있습니다. 노크가 클수록(압력이 클수록) 전압이 커지므로 아두이노 보드에서 읽어오는 값도 커지게 됩니다.

🛠 디버깅 체크

피에조 센서를 두드려도 시리얼 모니터에 출력되는 값이 변하지 않는다면, 회로와 스케치를 확인해 봅시다.

① 회로를 살펴봅시다. 회로에서 피에조 센서의 +핀과 −핀이 제대로 연결되었는지 확인합니다. 1M옴 저항을 사용하였는지 저항의 크기를 확인합니다. 그리고 피에조 센서의 +핀과 −핀 사이에 저항이 연결되었는지도 확인합니다.

② 스케치를 살펴봅시다. 스케치에서 피에조 센서가 연결된 아날로그 핀 번호를 제대로 변수에 할당했는지, 변수명을 동일하게 사용했는지, 시리얼 모니터의 통신 속도를 제대로 설정했는지를 확인합니다.

피에조 센서로 LED 깜박이기

준비물 : 아두이노 보드×1, 브레드보드×1, USB 케이블×1, 피에조 센서×1, 저항(1M옴)×1, 점퍼선×5, LED×1, 저항(220옴)×1

노크를 하면 LED에 불이 들어오는 장치를 만들어 봅시다. 피에조 센서를 이용하여 노크를 감지하고 일정 값 이상의 진동이 감지되면 LED에 불이 들어오도록 합니다. 회로도를 따라 회로를 구성하고, 아두이노 스케치를 작성하여 동작시켜 봅시다.

완성된 회로도

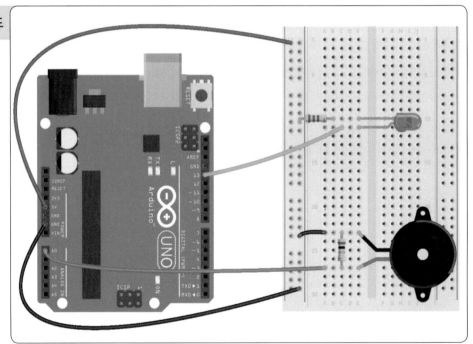

회로 구성하기

1 아두이노 보드의 5V와 GND를 각각 브레드보드의 +와 − 전원선에 연결합니다.

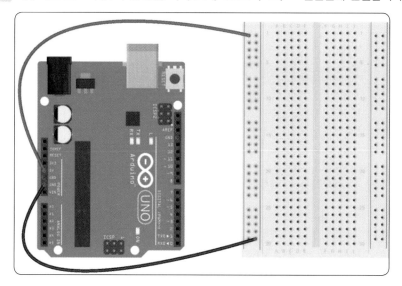

2 브레드보드에 피에조 센서를 연결합니다. 피에조 센서의 +핀은 아두이노 보드의 아날로그 0번과 파란색 점퍼선으로 연결합니다. 피에조 센서의 −핀은 브레드보드의 −선과 검은색 점퍼선으로 연결합니다. 그리고 그 사이를 1M옴 저항으로 연결합니다.

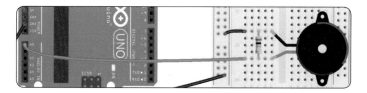

3 브레드보드에 LED를 연결합니다. LED의 +핀은 아두이노 보드의 디지털 13번과 녹색 점퍼선으로 연결합니다. LED의 −핀은 220옴 저항을 이용하여 브레드보드의 −선과 연결합니다.

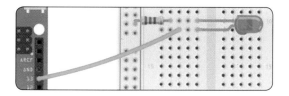

1 아두이노 보드의 핀 모드를 설정합니다. LED를 연결하는 디지털 13번은 출력 모드로 설정합니다.

2 피에조 센서가 진동을 감지하면 LED가 켜지도록 합니다. 피에조 센서가 연결된 아날로그 0번의 전압 값을 확인하여 일정 값 이상이 되면 LED가 켜지도록 합니다. 일정 값 이하가 되면 LED가 꺼지도록 합니다.

이 과정을 순서도로 표현하면 다음과 같습니다.

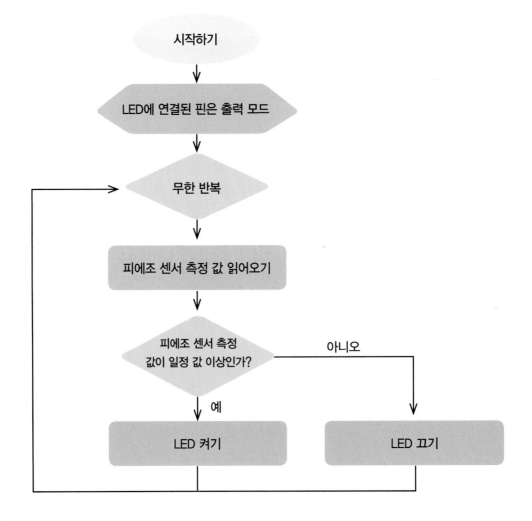

스케치 작성하기

1 컴퓨터에 아두이노 보드를 연결하고, 아두이노 소프트웨어에서 보드와 포트를 선택합니다.

2 아래 스케치를 작성합니다.

```
1    int piezo = 0;
2    int ledPin = 13;
3    int piezoValue = 0;
4    int THRESHOLD = 300;
5
6    void setup(){
7      pinMode(ledPin, OUTPUT);
8    }
9
10   void loop(){
11     piezoValue = analogRead(piezo);
12
13     if(piezoValue > THRESHOLD){
14       digitalWrite(ledPin, HIGH);
15       delay(1000);
16     } else {
17       digitalWrite(ledPin, LOW);
18     }
19   }
```

3 체크(V) 버튼을 눌러 스케치에 오타가 있는지 확인합니다.

4 업로드(→) 버튼을 눌러 컴파일된 파일을 아두이노 보드에 업로드합니다.

5 피에조 센서를 두드려서 LED가 켜지는지 확인합니다.

스케치 살펴보기

❶ 변수 선언 부분입니다.

```
1    int piezo = 0;
2    int ledPin = 13;
3    int piezoValue = 0;
4    int THRESHOLD = 300;
```

1번 줄과 2번 줄에서는 피에조 센서를 연결하는 아날로그 핀 번호와 LED를 연결하는 디지털 핀 번호를 각 변수에 할당합니다. 3번 줄에서는 피에조 센서가 감지할 전압의 크기를 할당할 변수를 선언합니다. 4번 줄에서는 진동이 일정 값 이상일 때 LED가 켜지도록 하기 위한 최솟값을 선언합니다.

❷ setup() 함수를 살펴봅시다.

```
6    void setup(){
7      pinMode(ledPin, OUTPUT);
8    }
```

LED를 연결한 디지털 핀을 출력 모드로 설정합니다.

❸ loop() 함수를 살펴봅시다.

```
11    piezoValue = analogRead(piezo);
```

피에조 센서가 측정한 진동에 의해 발생하는 전압 값을 읽어와서 piezoValue 변수에 할당합니다.

```
13    if(piezoValue > THRESHOLD){
14      digitalWrite(ledPin, HIGH);
15      delay(1000);
16    } else {
17      digitalWrite(ledPin, LOW);
18    }
```

13번 줄에서 피에조 센서가 측정한 전압 값과 미리 정해놓은 최솟값(THRESHOLD)을 비교하여, 최솟값보다 크면, 14번 줄에서 LED를 켜고 15번 줄에서 1초간 기달려서 LED가 켜지는 것을 확인할 수 있도록 합니다.

13번 줄에서 피에조 센서가 측정한 값보다 최솟값이 클 경우에는 17번 줄에서 LED를 끄도록 합니다.

최솟값(Threshold) 변수는 왜 사용하나요?

최솟값으로 사용되는 THRESHOLD 변수 값은 이 장치의 민감도를 결정하는 변수입니다. 이 값을 크게 할수록 노크의 강도가 커야지만 LED가 켜지게 됩니다. 반대로 THRESHOLD 값이 작을수록 약한 노크에도 LED가 켜지게 됩니다.

소리 감지 센서가 무엇인가요?

피에조 센서는 진동을 감지하는 센서입니다. 앞서 노크와 같은 진동을 감지하는데 사용할 수 있었습니다. 노크는 진동과 함께 소리도 발생합니다. 노크를 진동이 아닌 소리로 감지하고자 할 때, 바로 소리 감지 센서를 사용하여 장치를 구성하면 됩니다. 노크 이외에 손뼉 치는 소리나 외부의 큰 소음을 감지합니다. BOB-08669, LM393, NS-SDSM 등 다양한 소리 감지 센서 모델이 있습니다.

 소리 감지 센서

🔧 디버깅 체크

노크를 해도 LED가 켜지지 않는다면, 다음 사항을 확인해 봅시다.

① 회로에서 피에조 센서와 LED가 각 극성에 맞게 연결되었는지 확인합니다.

② 스케치에서 선언한 변수명을 동일하게 사용하는지, 조건식의 수식 기호가 제대로 사용되었는지를 확인합니다. 피에조 센서가 측정하는 값을 시리얼 모니터에 출력하여 확인해 봅니다.

피에조 센서로 부저 소리 내기

준비물 : 아두이노 보드×1, 브레드보드×1, USB 케이블×1, 피에조×2, 저항(1M옴)×1, 점퍼선×6

노크를 하면 부저에서 소리가 나는 장치를 만들어 봅시다. 피에조 센서를 이용하여 노크를 감지하고 일정 값 이상의 진동이 감지되면 피에조 부저에서 소리가 나도록 합니다. 회로도를 따라 회로를 구성하고, 아두이노 스케치를 작성하여 동작시켜 봅시다.

완성된 회로도

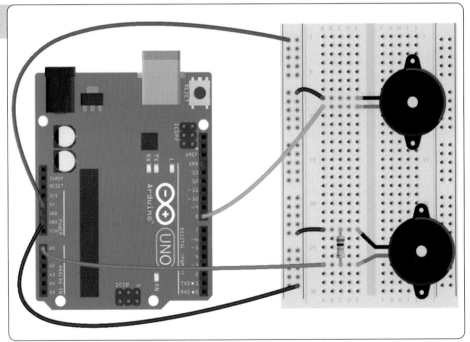

회로 구성하기

1 아두이노 보드의 5V와 GND를 각각 브레드보드의 +와 − 전원선에 연결합니다.

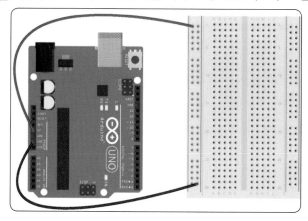

2 브레드보드에 피에조 센서를 연결합니다. 피에조 센서의 +핀은 아두이노 보드의 아날로그 0번과 파란색 점퍼선으로 연결합니다. 피에조 센서의 −핀은 브레드보드의 −선과 검은색 점퍼선으로 연결합니다. 그 사이를 1M옴 저항으로 연결합니다.

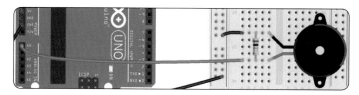

3 브레드보드에 피에조 부저를 연결합니다. 피에조 부저의 +핀은 아두이노 보드의 디지털 8번과 녹색 점 퍼선으로 연결합니다. 피에조 부저의 −핀은 브레드보드의 −선과 검은색 점퍼선으로 연결합니다.

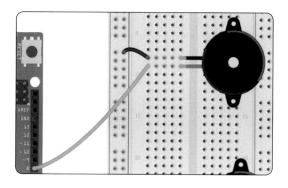

동작 과정 생각하기

1 아두이노 보드의 핀 모드를 설정합니다. 피에조 부저를 연결하는 디지털 8번은 출력 모드로 설정합니다.

2 피에조 센서가 진동을 감지하면 피에조 부저에서 '솔(주파수 값 392)' 소리가 나도록 합니다. 피에조 센서가 연결된 아날로그 0번의 전압 값을 확인하여 일정 값 이상이 되면 부저에서 소리가 나도록 합니다. 일정 값 이하가 되면 소리가 꺼지도록 합니다. 이 과정을 순서도로 표현하면 다음과 같습니다.

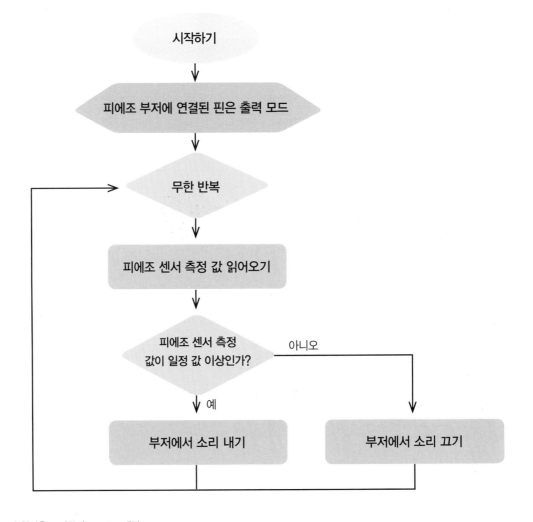

스케치 작성하기

1 컴퓨터에 아두이노 보드를 연결하고, 아두이노 소프트웨어에서 보드와 포트를 선택합니다.

2 아래 스케치를 작성합니다.

```
1   int piezo = 0;
2   int buzzerPin = 8;
3   int piezoValue = 0;
4   int THRESHOLD = 300;
5
6   void setup(){
7     pinMode(buzzerPin, OUTPUT);
8   }
9
10  void loop(){
11    piezoValue = analogRead(piezo);
12
13    if(piezoValue > THRESHOLD){
14      tone(buzzerPin, 392);
15    } else {
16      noTone(buzzerPin);
17    }
18  }
```

3 체크(V) 버튼을 눌러 스케치에 오타가 있는지 확인합니다.

4 업로드(→) 버튼을 눌러 컴파일된 파일을 아두이노 보드에 업로드합니다.

5 피에조 센서를 두드리면 피에조 부저에서 소리가 나는지 확인합니다.

스케치 살펴보기

❶ 변수 선언 부분입니다.

```
1    int piezo = 0;
2    int buzzerPin = 8;
3    int piezoValue = 0;
4    int THRESHOLD = 300;
```

1번 줄과 2번 줄에서는 피에조 센서를 연결하는 아날로그 핀 번호와 피에조 부저를 연결하는 디지털 핀 번호를 각 변수에 할당합니다. 3번 줄에서는 피에조 센서가 감지할 전압의 크기를 할당할 변수를 선언합니다. 4번 줄에서는 진동이 일정 값 이상일 때 피에조 부저에서 소리가 나도록 하기 위한 최솟값을 선언합니다.

❷ setup() 함수를 살펴봅시다.

```
6    void setup(){
7      pinMode(buzzerPin, OUTPUT);
8    }
```

피에조 부저를 연결한 디지털 핀을 출력 모드로 설정합니다.

❸ loop() 함수를 살펴봅시다.

```
11     piezoValue = analogRead(piezo);
```

피에조 센서가 측정한 진동에 의해 발생하는 전압 값을 읽어와서 piezoValue 변수에 할당합니다.

```
13     if(piezoValue > THRESHOLD){
14       tone(buzzerPin, 392);
15     } else {
16       noTone(buzzerPin);
17     }
```

13번 줄에서 피에조 센서가 측정한 전압 값과 미리 정해놓은 최솟값(THRESHOLD)을 비교하여, 최솟값보다 크면, 14번 줄에서 부저에 '솔' 소리를 내도록 합니다. 13번 줄에서 피에조 센서가 측정한 값보다 최솟값이 클 경우에는 16번 줄에서 부저의 소리를 끄도록 합니다.

🔧 디버깅 체크

노크를 해도 부저에서 소리가 나지 않는다면, 다음 사항을 확인해 봅시다.

① 회로를 살펴봅시다. 피에조 센서와 피에조 부저가 각 극성에 맞게 연결되었는지 확인합니다.

② 스케치를 살펴봅시다. 앞에서 선언한 변수명을 동일하게 사용하는지, 조건식의 수식 기호가 제대로 사용되었는지를 확인합니다. 피에조 센서가 측정하는 값을 시리얼 모니터에 출력하여 확인해 봅니다.

Check? Check!

1 피에조 센서 1개와 LED 1개를 이용하여, 다음 조건에 맞는 회로 및 코드를 만들어 봅시다.

조건

노크의 강도에 따라 LED의 밝기를 3단계로 조절합니다.
노크 강도 : 약 / LED 밝기 : 50
노크 강도 : 중 / LED 밝기 : 150
노크 강도 : 강 / LED 밝기 : 250

Hint

노크 강도는 직접 테스트를 해보고 3단계로 구분합니다. 피에조 센서가 측정할 수 있는 값의 범위는 0부터 1023까지입니다.

2 피에조 센서 1개와 피에조 부저 1개를 이용하여, 다음 조건에 맞는 회로 및 코드를 만들어 봅시다.

조건

노크를 3번 하면 부저에서 소리가 납니다.

Hint

노크 횟수를 저장하는 변수를 만들고, 이 변수의 값이 3번 이상일 때 부저에서 소리가 나도록 합니다.

Python Coding

파이썬으로 피에조 센서와 LED를 제어하는 코드를 작성해 봅시다. 필요한 준비물과 회로도는
다음과 같습니다.

준비물 : 아두이노 보드×1, 브레드보드×1, USB 케이블×1, 피에조 부저×1,
저항(1M옴)×1, 점퍼선×5, LED×1, 저항(220k옴)×1

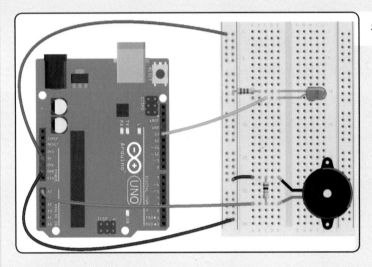

완성된 회로도

컴퓨터에 아두이노 보드를 연결한 뒤, 파이썬 IDE를 실행하여 다음 코드를 작성해 봅시다.

```
1    from Arduino import Arduino
2    import time
3
4    piezo = 0
5    ledPin = 13
6    threshold = 300
7
8    board = Arduino("9600", port="COM3")
9    board.pinMode(ledPin, "OUTPUT")
10
```

```
11    while True:
12        piezoValue = board.analogRead(piezo)
13        if piezoValue > threshold:
14            board.digitalWrite(ledPin, "HIGH")
15            time.sleep(1)
16        else:
17            board.digitalWrite(ledPin, "LOW")
```

코드를 자세히 살펴봅시다. 먼저 설정 부분입니다.

```
1    from Arduino import Arduino
2    import time
3
4    piezo = 0
5    ledPin = 13
6    threshold = 300
7
8    board = Arduino("9600", port="COM3")
9    board.pinMode(ledPin, "OUTPUT")
```

1~2번 줄은 코드에서 사용할 라이브러리를 불러옵니다. 4~5번 줄은 2개의 변수를 정의합니
다. 6번 줄은 기준값으로 사용할 threshold 변수에 300을 할당합니다. 8~9번 줄은 아두이
노 보드의 통신 속도와 포트를 설정하고, LED를 연결할 13번 핀은 출력 모드로 설정합니다.

다음은 반복 동작하는 부분입니다.

```
11    while True:
12        piezoValue = board.analogRead(piezo)
13        if piezoValue > threshold:
14            board.digitalWrite(ledPin, "HIGH")
15            time.sleep(1)
16        else:
17            board.digitalWrite(ledPin, "LOW")
```

Python Coding

12번 줄에서 피에조가 연결된 아날로그 0번 핀의 값을 piezoValue에 할당합니다. 13번에서 piezoValue 값이 기준 값인 300보다 크다면, 14번 줄에서 LED에 불을 켜고, 15번에서 1초 동안 기다립니다. 13번 줄에서 piezoValue 값이 기준 값 보다 작다면, 17번 줄에서 LED의 불을 끄게 됩니다.

Check? Check!

1️⃣ 피에조 센서 1개를 이용하여, 다음 조건에 맞는 회로 및 코드를 만들어 봅시다.

조건

피에조 센서가 측정한 진동 값이 일정 값(예를 들면 500) 이상이면 "knock!"을 출력합니다.

2️⃣ 피에조 센서 1개와 LED 1개를 이용하여, 다음 조건에 맞는 회로 및 코드를 만들어 봅시다.

조건

피에조 센서가 측정한 값에 따라, 진동 값이 크면 LED를 밝게 켜고, 진동 값이 작으면 LED의 밝기가 어두워지도록 합니다.

Hint

1) 피에조 센서가 측정할 수 있는 값의 범위는 0∼1023이고, LED 밝기의 범위는 0∼255입니다.
2) LED 밝기를 조절하기 위해서는 PWM 기능과 board.analogWrite(핀 번호, 값) 명령어를 사용합니다.

Chapter **13** Arduino

온도 센서 제어하기

이번 활동은 주변의 온도를 측정할 수 있는 전자 부품인 온도 센서를 다룹니다. 온도 센서를 이용하여 회로를 연결하고 코드를 작성하는 방법을 배워봅시다. 그리고 온도 센서가 측정한 값을 섭씨 또는 화씨로 변환하여, LED 또는 부저를 동작시키는 방법을 배워봅시다.

온도 센서 살펴보기

온도 센서(Temperature Sensor)는 주변의 온도를 측정할 수 있는 부품입니다. 온도 센서는 여러 종류가 있으나 아두이노 스타터 키트에 있는 TMP36 모델에 대해 살펴봅시다. TMP36 온도 센서는 1도당 10mV의 비율로 전압을 직접 출력하는 전자 부품입니다. 2.7~5.5V 사이의 전압으로 동작하며, −40도에서 125도 사이의 값을 측정할 수 있습니다. 아날로그 핀에서는 온도 변화에 따른 전압을 출력하게 됩니다.

TMP36 온도 센서

아두이노는 TMP36 온도 센서가 출력하는 전압 값을 0~1023 사이의 값으로 변환해서 출력해줍니다. 섭씨/화씨온도 계산을 위해서는 아두이노에서 측정한 ADC(Analog Digital Converter)값인 0~1023 값을 다시 전압으로 변환해야 합니다.

TMP36 온도 센서는 핀이 3개 있습니다. 부품에서 'tmp36'이라고 표시된 평평한 면을 바라보고, 가장 왼쪽에 있는 1번 핀이 온도 센서에 전원을 공급하는 V+ 핀입니다. 가장 오른쪽에 있는 3번 핀은 Ground에 연결하는 GND핀입니다. 가운데 2번 핀은 아날로그 전압을 출력해주는 Vout 핀입니다.

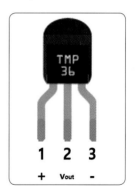

TMP36 온도 센서 핀

온도 센서의 1번 핀은 아두이노 보드의 5V에 연결합니다. 온도 센서의 2번 핀은 아두이노 보드의 아날로그 핀 중 하나에 연결하고 마지막 3번 핀은 아두이노 보드의 GND에 연결합니다.

온도 센서의 +와 -핀을 아두이노 보드에 제대로 연결하지 않으면 부품이 고장날 수 있으므로 주의해야 합니다. TMP36 온도 센서가 아니라 다른 온도 센서인 경우 해당 전자 부품의 데이터시트를 참고해서 핀 번호를 확인해야 합니다.

온도 센서로 온도 측정하기

준비물 : 아두이노 보드×1, 브레드보드×1, USB 케이블×1, 온도 센서×1, 점퍼선×6

온도 센서를 통해 주변의 온도를 확인해 봅시다. 온도 센서가 측정한 값을 섭씨온도 값으로 변환하여 시리얼 모니터에 출력하도록 회로를 구성하고, 아두이노 스케치를 작성하여 동작시켜 봅시다.

완성된 회로도

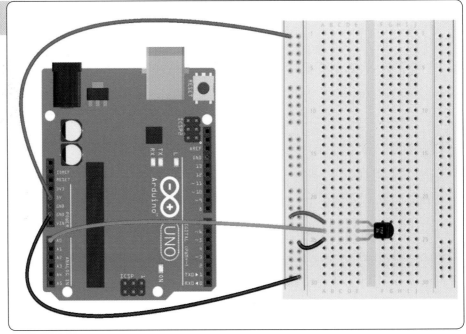

회로 구성하기

1 아두이노 보드의 5V와 GND를 브레드보드 전원 영역에 각각 연결합니다.

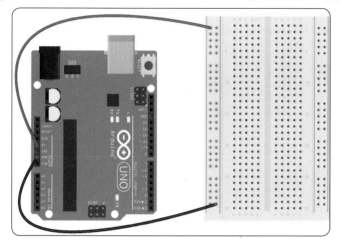

2 온도 센서에서 TMP36이 표시된 면이 아두이
노 보드를 바라보도록 브레드보드에 온도 센
서를 연결합니다.

3 가장 왼쪽 핀을 브레드보드 전원 영역의 +선
과 점퍼선을 이용해 연결합니다.

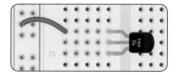

4 가장 오른쪽 핀을 브레드보드 전원 영역의 −선과 점퍼선을 이용해 연결합니다.

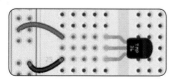

5 온도 센서의 가운데 핀을 아두이노 보드의 아날로그 0번 핀과 점퍼선을 이용해 연결합니다.

스케치 작성하기

1 컴퓨터에 아두이노 보드를 연결하고, 아두이노 소프트웨어에서 보드와 포트를 선택합니다.

2 아래 스케치를 작성합니다.

```
1    int tempPin = 0;
2
3    void setup(){
4      Serial.begin(9600);
5    }
6
7    void loop(){
8      int value = analogRead(tempPin);
9      Serial.print("value: ");
10     Serial.print(value);
11
12     float millivolts = (value / 1024.0) * 5000.0;
13     float celsius = (millivolts - 500.0) / 10.0;
14
15     Serial.print(" celsius: ");
16     Serial.println(celsius);
17     delay(1000);
18   }
```

3 체크(V) 버튼을 눌러 스케치에 오타가 있는지 확인합니다.

4 업로드(→) 버튼을 눌러 컴파일된 파일을 아두이노 보드에 업로드합니다.

5 시리얼 모니터를 열고, 온도가 제대로 출력되는지 확인합니다.

TMP36 온도 센서 변환 공식

1) 전압(mV) = (ADC 값 / 1024.0) × 센서에 공급되는 전압(mV)

2) 섭씨온도(℃) = (전압(mV) − 500.0) / 10.0

3) 화씨온도(℉) = (섭씨온도(℃) × 9.0 / 5.0) + 32.0

스케치 살펴보기

❶ 변수 선언과 setup() 함수를 살펴봅시다.

```
1    int tempPin = 0;
2
3    void setup(){
4      Serial.begin(9600);
5    }
```

tempPin 변수에 0을 저장합니다. 또한 설정 부분에서 시리얼 모니터를 시작합니다.

❷ loop() 함수를 살펴봅시다.

```
8        int value = analogRead(tempPin);
9        Serial.print("value: ");
10       Serial.print(value);
```

8번 줄에서는 온도 센서가 측정한 값을 0부터 1023사이의 ADC 값으로 변환하여 value 변수에 저장합니다. analogRead( )로 읽어 오는 값이 바로 ADC 값입니다.

```
12       float millivolts = (value / 1024.0) * 5000.0;
13       float celsius = (millivolts - 500.0) / 10.0;
```

9번과 10번 줄은 측정된 ADC 값을 시리얼 모니터에 출력합니다. 12번 줄은 ADC 값을 온도 센서가 측정하는 전압 값으로 다시 변환합니다. 13번 줄에서 전압 값을 섭씨온도 값으로 변환하여 celsius 변수에 저장합니다.

```
15       Serial.print(" celsius: ");
16       Serial.println(celsius);
17       delay(1000);
```

15번과 16번 줄에서는 섭씨온도 값을 시리얼 모니터에 출력합니다.

🔧 **디버깅 체크**

제대로 동작하지 않는다면, 회로와 스케치를 확인해 봅시다.

① 회로를 살펴봅시다. 온도 센서의 TMP36 이 표시된 면을 기준으로 가장 왼쪽 핀과 가장 오른쪽 핀이 각각 +핀과 −핀에 연결되었는지를 확인합니다. 온도 센서 주변에 온도를 변화시켜 값이 제대로 변화되는지를 확인합니다.

② 스케치를 살펴봅시다. 섭씨온도를 변환하는 수식을 제대로 작성했는지도 확인합니다.

온도 센서로 LED 깜박이기

준비물 : 아두이노 보드×1, 브레드보드×1, USB 케이블×1, 온도 센서×1,
저항(220옴)×1, 점퍼선×6, LED×1

온도 센서와 LED를 사용하여 온도 센서가 읽은 값이 일정 온도 이상이면 빨간색
LED를 켜지게 하고, 온도가 일정 온도 이하면 빨간색 LED를 꺼지게 만들어 봅시다.
회로도를 따라 회로를 구성하고, 아두이노 스케치를 작성하여 동작시켜 봅시다.

완성된 회로도

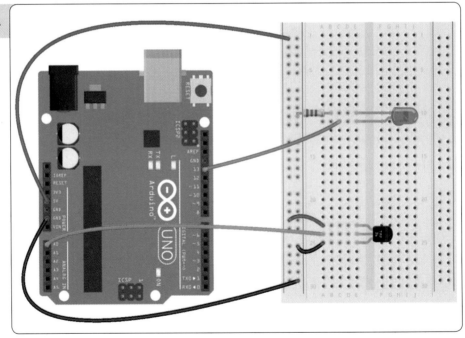

회로 구성하기

1 아두이노 보드의 5V와 GND를 각각 브레드보드의 +와 − 전원선과 연결합니다.

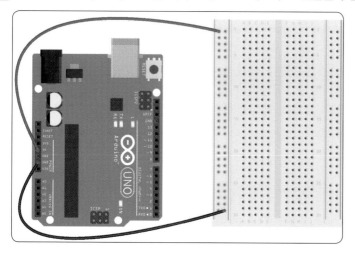

2 온도 센서에서 TMP36이 표시된 면이 아두이노 보드를 바라보도록 브레드보드에 온도 센서를 연결합니다. 가장 왼쪽 핀을 브레드보드 전원 영역의 +선과 점퍼선을 이용해 연결합니다. 가장 오른쪽 핀을 브레드보드 전원 영역의 −선과 점퍼선을 이용해 연결합니다. 온도 센서의 가운데 핀을 아두이노 보드의 아날로그 0번 핀과 점퍼선을 이용해 연결합니다.

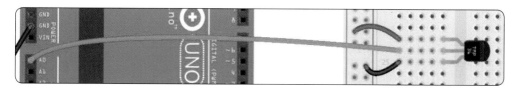

3 브레드보드에 LED를 연결합니다. LED의 +극 핀은 디지털 13번 핀과 점퍼선으로 연결합니다. LED의 −극 핀은 저항을 이용하여 브레드보드 전원 영역의 −선과 연결합니다.

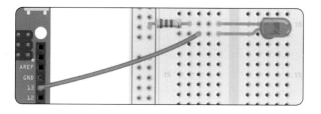

동작 과정 생각하기

1 아두이노 보드의 핀 모드를 설정해야 합니다. 핀 모드에 따라 어떤 핀을 입력으로 사용할지, 출력으로 사용할지를 결정하게 됩니다. 우리가 사용할 부품은 아날로그 0번 핀에 연결된 온도 센서와, 디지털 13번 핀에 연결된 LED입니다. 즉, 0번 핀은 입력 모드가 되어야 하고, 13번 핀은 출력 모드가 되어야 합니다.

2 주변 온도가 높으면 LED를 켜지게 합니다. 온도 센서가 측정한 값을 우리가 주로 사용하는 섭씨온도로 변환합니다. 그리고 온도가 일정 온도 이상이 되면 LED가 켜지도록 합니다. 그렇지 않으면 LED를 꺼집니다.

이 과정을 순서도로 표현하면 다음과 같습니다.

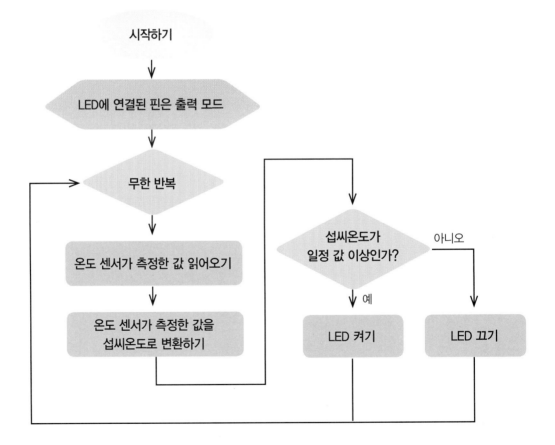

스케치 작성하기

1 컴퓨터에 아두이노 보드를 연결하고, 아두이노 소프트웨어에서 보드와 포트를 선택합니다.

2 아래 스케치를 작성합니다.

```
1   int tempPin = 0;
2   int ledPin = 13;
3   int tempValue = 0;
4   float voltage = 0.0;
5   float celsiusTemp = 0.0;
6
7   void setup() {
8     pinMode(ledPin, OUTPUT);
9   }
10
11  void loop() {
12    tempValue = analogRead(tempPin);
13
14    voltage = tempValue * 5000.0 / 1024.0;
15    celsiusTemp = (voltage - 500) / 10.0;
16
17    if(celsiusTemp > 25){
18      digitalWrite(ledPin, HIGH);
19      delay(100);
20    } else {
21      digitalWrite(ledPin, LOW);
22    }
23  }
```

3 체크(∨) 버튼을 눌러 스케치에 오타가 있는지 확인합니다.

4 업로드(→) 버튼을 눌러 컴파일된 파일을 아두이노 보드에 업로드합니다.

5 온도 센서 주변의 온도를 높여서, LED가 제대로 켜지는지 확인합니다.

스케치 살펴보기

❶ 변수 선언 부분입니다.

```
1    int tempPin = 0;
2    int ledPin = 13;
3    int tempValue = 0;
4    float voltage = 0.0;
5    float celsiusTemp = 0.0;
```

1번 줄에서는 온도 센서를 연결한 아날로그 핀 번호를 변수에 할당합니다. 2번 줄에서는 LED를 연결한 디지털 핀 번호를 변수에 할당합니다. 3번 줄에서는 온도 센서가 측정한 값을 사용할 변수를 선언합니다. 4번 줄에서는 아날로그 0번에서 받은 값을 전압 값으로 변환해서 사용할 변수를 선언합니다. 5번 줄에서는 섭씨온도 값으로 사용할 변수를 선언합니다.

❷ setup( ) 함수를 살펴봅시다.

```
7    void setup() {
8      pinMode(ledPin, OUTPUT);
9    }
```

LED를 연결하는 디지털 핀을 출력 모드로 설정합니다.

❸ loop( ) 함수를 살펴봅시다.

```
12      tempValue = analogRead(tempPin);
```

온도 센서가 측정한 값을 변수에 할당합니다.

```
14      float voltage = tempValue * 5000.0 / 1024.0;
15      float celsiusTemp = (voltage - 500) / 10.0;
```

온도 센서가 측정한 전압 값을 섭씨온도로 변환합니다.

주변의 온도가 올라가면 LED를 제어하는 코드입니다.

```
17      if(celsiusTemp > 25){
18        digitalWrite(ledPin, HIGH);
19        delay(100);
20      } else {
21        digitalWrite(ledPin, LOW);
22      }
```

17번 줄에서 섭씨온도가 25보다 큰지를 확인합니다. 25보다 크면 18번 줄에서 LED를 켜고 0.1초간 기다립니다. 섭씨온도가 25보다 작으면 21번 줄에서 LED를 끕니다.

🛠 디버깅 체크

주변의 온도가 올라가도 LED가 켜지지 않는다면, 다음 사항을 확인해 봅시다.

① 회로를 살펴봅시다. LED의 +핀과 −핀이 제대로 연결되었는지, 온도 센서의 각 핀이 제대로 연결되었는지 확인합니다.

② 스케치를 살펴봅시다. 각 변수에 할당된 값이나 변수명이 제대로 사용되었는지 확인합니다. 섭씨온도 변환식이 제대로 작성되었는지 확인하고 섭씨온도가 제대로 계산되어 출력되는지를 시리얼 모니터로 확인해 봅니다.

 다른 온도 센서 부품은 무엇이 있나요?

본 예제에서 사용하는 TMP36 이외에 LM35 온도 센서가 있습니다.

LM35 온도 센서는 0.1도당 1밀리볼트의 비율로 전압을 출력합니다. LM35 온도 센서는 3개의 핀(+핀, Vout핀, GND핀)을 제공합니다.

LM35를 연결할 경우, 다음과 같은 간단한 변환식을 사용할 수 있습니다.

섭씨온도(℃) = (전압(mV) * 5000) / 1024

온도 센서로 부저 소리 내기

준비물 : 아두이노 보드×1, 브레드보드×1, USB 케이블×1, 온도 센서×1,
피에조 부저×1, 점퍼선×7

온도 센서로 주변 온도를 측정한 후, 측정한 값이 일정 온도 이상이면 부저를 울리게
하고 온도가 일정 온도 이하로 떨어지면 부저가 울리지 않게 하는 작품을 만들어 봅
시다.

완성된 회로도

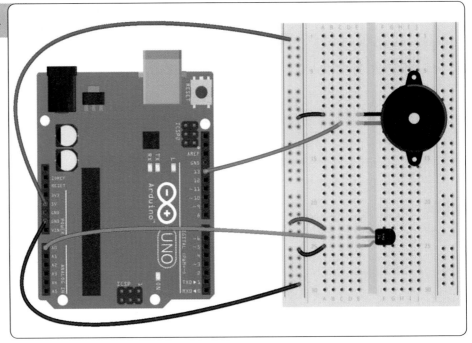

회로 구성하기

1 아두이노 보드의 5V와 GND를 각각 브레드보드의 +와 − 전원선에 연결합니다.

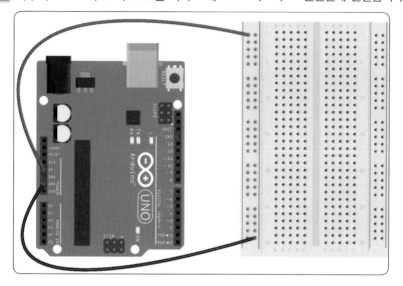

2 브레드보드에 온도 센서를 연결해 봅시다. 위쪽 핀은 +선과, 아래쪽 핀은 −선과 점퍼선을 이용해 연결합니다. 가운데 핀은 아날로그 0번 핀과 점퍼선을 이용하여 연결합니다.

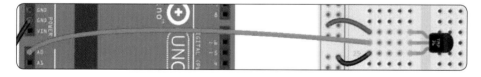

3 아두이노 보드에 부저를 연결합니다. 부저의 +극 핀은 디지털 13번 핀과 파란색 점퍼선으로 연결합니다. 부저의 −극 핀은 브레드보드 전원 영역의 −선과 점퍼선을 이용하여 연결합니다.

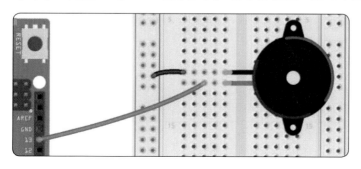

동작 과정 생각하기

1️⃣ 아두이노 보드의 핀 모드를 설정합니다. 부저를 연결한 디지털 13번을 출력 모드로 설정합니다.

2️⃣ 주변 온도가 높으면 부조에서 소리가 나게 합니다. 온도 센서가 측정한 값을 섭씨 온도로 변환합니다. 그리고 온도가 일정 온도 이상이 되면 부저에서 소리가 커지도록 합니다. 그렇지 않으면 소리를 끕니다. 이 과정을 순서도로 표현하면 다음과 같습니다.

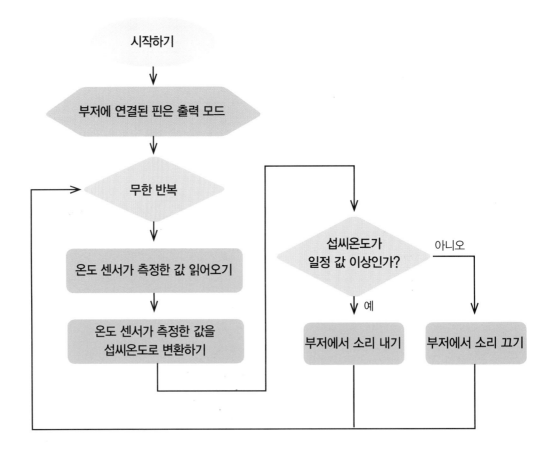

스케치 작성하기

1 컴퓨터에 아두이노 보드를 연결하고, 아두이노 소프트웨어에서 보드와 포트를 선택합니다.

2 아래 스케치를 작성합니다.

```
1    int buzzerPin = 13;
2    int tempPin = 0;
3    int tempValue = 0;
4    float voltage = 0;
5    float celsiusTemp = 0;
6    int THRESHOLD = 25;
7
8    void setup() {
9      pinMode(buzzerPin, OUTPUT);
10   }
11
12   void loop() {
13     tempValue = analogRead(tempPin);
14
15     voltage = tempValue * 5000.0 / 1024.0;
16     celsiusTemp = (voltage - 500) / 10.0;
17
18     if(celsiusTemp > THRESHOLD){
19       tone(buzzerPin, 294);
20     } else {
21       noTone(buzzerPin);
22     }
23
24     delay(1000);
25   }
```

3 체크(V) 버튼을 눌러 스케치에 오타가 있는지 확인합니다.

4 업로드(→) 버튼을 눌러 컴파일된 파일을 아두이노 보드에 업로드합니다.

5 온도 센서 주변의 온도를 높여서, 부저 소리가 나는지 확인합니다.

온도 센서 제어하기 **233**

❶ 변수 선언 부분입니다.

```
1    int buzzerPin = 13;
2    int tempPin = 0;
3    int tempValue = 0;
4    float voltage = 0;
5    float celsiusTemp = 0;
6    int THRESHOLD = 25;
```

1번 줄과 2번 줄에서는 각 부품을 연결한 디지털 핀 번호와 아날로그 핀 번호를 할당합니다. 3번, 4번, 5번 줄에는 온도 센서가 출력한 값을 변환하여 섭씨온도로 나타내는데 필요한 변수를 선언합니다. 6번 줄에서는 부저를 동작시킬 기준 값으로 사용하는 변수를 선언합니다.

❷ setup() 함수를 살펴봅시다.

```
8    void setup() {
9      pinMode(buzzerPin, OUTPUT);
10   }
```

부저를 연결한 핀을 출력 모드로 설정합니다.

❸ loop() 함수를 살펴봅시다.

```
13     tempValue = analogRead(tempPin);
14
15     voltage = tempValue * 5000.0 / 1024.0;
16     celsiusTemp = (voltage - 500) / 10.0;
```

13번 줄에서 온도 센서가 측정한 값을 변수에 할당한 뒤, 15번과 16번 줄에서 전압으로 변경 후 다시 섭씨온도로 변환합니다.

```
18     if(celsiusTemp > THRESHOLD){
19       tone(buzzerPin, 294);
```

```
20        } else {
21          noTone(buzzerPin);
22        }
```

18번 줄에서 섭씨온도와 기준 온도(THRESHOLD)을 비교하여, 주변 온도가 더 크면, 19번 줄에서 부저에 소리를 냅니다. 주변 온도가 기준 온도보다 낮으면 21번 줄에서 부저 소리를 끕니다.

🔧 디버깅 체크

온도가 높아져도 부저에 소리가 나지 않는다면, 다음 사항을 확인해 봅시다.

① 회로를 살펴봅시다. 온도 센서와 부저에 핀이 제대로 연결되었는지 확인합니다. 온도 센서는 아날로그 핀에, 부저는 디지털 핀에 연결되었는지도 확인합니다.

② 스케치를 살펴봅시다. 앞에서 선언한 변수명을 동일하게 사용하는지, 조건식의 수식 기호가 제대로 사용되었는지를 확인합니다. 온도 센서가 측정하는 값과 변환된 값을 시리얼 모니터에 출력하여 확인해 봅니다.

 Check? Check!

1 온도 센서 1개와 LED 2개를 이용하여, 다음 조건에 맞는 회로 및 코드를 만들어 봅시다.

조건

　1) 온도 센서가 측정한 온도가 25도 이상이면 1번 LED만 켭니다.
　2) 온도 센서가 측정한 온도가 25도 미만이면 2번 LED만 켭니다.

2 온도 센서 1개와 피에조 부저 1개를 이용하여, 다음 조건에 맞는 회로 및 코드를 만들어 봅시다.

조건

　온도 센서가 측정한 값을 피에조 부저가 재생하는 음의 주파수 값으로 사용합니다. 즉, 온도 변화에 따라 부저의 소리가 달라지도록 만듭니다.

Python Coding

파이썬으로 온도 센서 값을 출력하는 코드를 작성해 봅시다. 회로도를 따라 회로를 구성하고, 아두이노 스케치를 작성하여 동작시켜 봅시다.

준비물 : 아두이노 보드×1, 브레드보드×1, USB 케이블×1, 온도 센서×1, 점퍼선×5

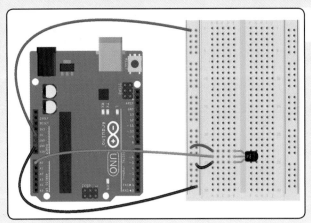

완성된 회로도

컴퓨터에 아두이노 보드를 연결한 뒤, 파이썬 IDE를 실행하여 다음 코드를 작성해 봅시다.

```python
1    from Arduino import Arduino
2    import time
3
4    tempPin = 0
5
6    board = Arduino("9600", port="COM3")
7
8    while True:
9        value = board.analogRead(tempPin)
10       print "value: ", value
11
12       millivolts = (value / 1024.0) * 5000.0
```

```
13          celsius = (millivolts - 500.0) / 10.0
14
15          print "celsius: ", celsius
16          time.sleep(1)
```

코드를 자세히 살펴봅시다. 먼저 설정 부분입니다.

```
1   from Arduino import Arduino
2   import time
3
4   tempPin = 0
5
6   board = Arduino("9600", port="COM3")
```

1~2번은 코드에서 사용할 라이브러리를 불러옵니다. 4번은 온도 센서를 연결할 tempPin 변수 정의합니다. 6번은 아두이노 보드의 통신 속도와 포트를 설정합니다.

다음은 반복 동작하는 부분입니다.

```
8   while True:
9       value = board.analogRead(tempPin)
10      print "value: ", value
11
12      millivolts = (value / 1024.0) * 5000.0
13      celsius = (millivolts - 500.0) / 10.0
14
15      print "celsius: ", celsius
16      time.sleep(1)
```

9번 줄에서 온도 센서가 측정한 값을 value에 저장합니다. 이 값은 10번 줄에서 화면에 출력합니다. 12~13번은 측정한 값을 섭씨온도로 변환합니다. 15번 줄에서 섭씨온도를 출력합니다.

Check? Check!

1 화씨온도를 출력해 봅시다.

Hint

화씨온도는 섭씨온도를 이용하여 계산합니다.
fahrenheit = (celsius× 9.0) / 5.0 + 32.0

2 온도 센서 1개와 LED 1개를 이용하여, 다음 조건에 맞는 회로 및 코드를 만들어 봅시다.

조건

1) LED는 일정하게 밝아졌다가 어두워집니다.
2) 온도센서가 측정한 값이 일정 값(예를 들면, 25도) 이상이 되면 LED가 깜박이는 속도가 빨라집니다.

Hint

1) 회로도

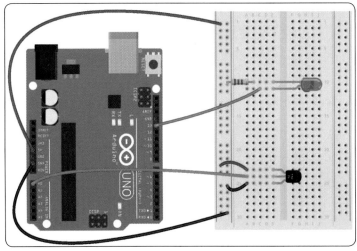

ledPin = 13
tempPin = 0

2) 온도센서가 측정한 값이 25도 미만이면, LED가 밝아졌다 어두워지는 간격을 time.sleep(0.1)로 설정하고, 25
도 이상이 되면 time.sleep(0.01) 로 동작되도록 코드를 작성합니다.

physical computing

Chapter **14** Arduino

서보모터 제어하기

이번 활동은 전기를 이용하여 회전 동작을 하는 전자 부품인 서보모터를 다룹니다. 서보모터를 이용하여 회로를 연결하고 코드를 작성하는 방법을 배워봅시다. 그리고 다양한 입력 부품을 사용하여 서보모터를 제어하는 방법을 배워봅시다.

서보모터 살펴보기

서보모터(Servomotor)는 전기를 이용하여 회전하는 전자 부품입니다. 서보모터는 모터의 일종으로, 0~180 사이의 각도로 움직입니다. 또한 해당 회전 범위 안에서의 위치를 사용자가 설정 가능합니다. 동작 범위가 제한적이지만 정확한 위치 제어가 가능하고, 제어 방법도 간단합니다. RC카의 방향타, 로봇관절 등 회전각 제어가 필요한 곳에 광범위하게 사용합니다. 보통 가격이 저렴한 마이크로 서보모터를 사용합니다.

서보모터

마이크로 서보모터

아두이노 스타터 키트에는 SM-S2309S 모델의 마이크로 서보모터가 포함되어 있습니다. 일반적인 마이크로 서보모터는 3개의 핀을 연결합니다.

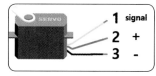

마이크로 서보모터의 구성

오른쪽 그림에서 서보모터의 1번 노란색 선은 PWM 기능을 지원하는 디지털 핀에 연결합니다. 서보모터의 2번 빨간색 선은 아두이노 보드의 5V에 연결합니다. 마지막 3번 검정색 선은 아두이노 보드의 GND에 연결합니다. 일부 마이크로 서보모터는 노란색 대신 갈색인 사용하기도 합니다. 정확한 연결 방법은 서보모터에 부착되어 있는 연결 방법을 살펴보거나 해당 부품 모델의 데이터시트를 살펴보기 바랍니다.

 ## 서보모터를 특정 각도로 움직이기

준비물 : 아두이노 보드×1, 브레드보드×1, USB 케이블×1, 서보모터×1, 점퍼선×3

서보모터는 원하는 각도로 움직일 수 있습니다. 이를 이용하여 서보모터에 펜을 연결하여 원하는 각도의 원을 그릴 수도 있습니다. 각도를 지정하여 서보모터를 움직여 봅시다. 회로도를 따라 회로를 구성하고, 아두이노 스케치를 작성하여 동작시켜 봅시다.

완성된 회로도

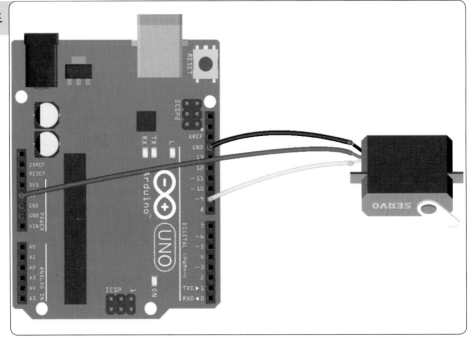

회로 구성하기

1 서보모터의 +핀은 아두이노 보드의 5V과 빨간색 점퍼선을 이용하여 연결합니다.

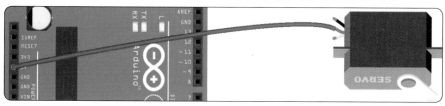

2 서보모터의 −핀은 아두이노 보드의 GND과 검정색 점퍼선을 이용하여 연결합니다.

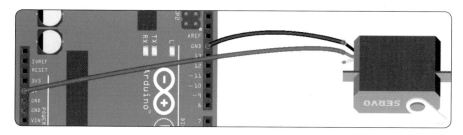

3 서보모터의 신호(Signal) 핀은 아두이노 보드의 디지털 9번 핀과 빨간색과 검정색을 제외한 다른 색 점
퍼선을 이용하여 연결합니다.

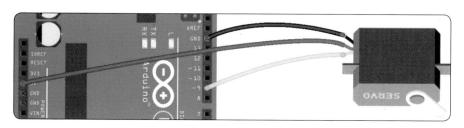

스케치 작성하기

1 컴퓨터에 아두이노 보드를 연결하고, 아두이노 소프트웨어에서 보드와 포트를 선택합니다.

2 아래 스케치를 작성합니다.

```
1   #include <Servo.h>
2
3   Servo myServo;
4   int servoPin = 9;
5
6   void setup() {
7     myServo.attach(servoPin);
8   }
9
10  void loop() {
11    myServo.write(0);
12    delay(1000);
13    myServo.write(90);
14    delay(1000);
15    myServo.write(180);
16    delay(1000);
17    myServo.write(90);
18    delay(1000);
19  }
```

3 체크(V) 버튼을 눌러 스케치에 오타가 있는지 확인합니다.

4 업로드(→) 버튼을 눌러 컴파일된 파일을 아두이노 보드에 업로드합니다.

5 1초 간격으로 서보모터를 0도, 90도, 180도, 90도 순으로 회전하는지 확인합니다.

스케치 살펴보기

❶ 라이브러리 선언 부분입니다.

```
1    #include <Servo.h>
2
3    Servo myServo;
4    int servoPin = 9;
```

서보모터를 제어하기 위해서 아두이노에서 제공하는 Servo 라이브러리를 사용합니다. Servo 라이브러리를 사용하면 서보모터를 쉽게 제어할 수 있습니다. 1번 줄에서 #include⟨ ⟩로 Servo.h 라이브러리를 사용합니다. 3번 줄에서 서보모터를 제어할 서보 오브젝트인 myServo를 만듭니다. 4번 줄에서는 서보모터에 연결할 디지털 번호를 servoPin 변수에 저장합니다.

❷ setup() 함수를 살펴봅시다.

```
6    void setup() {
7      myServo.attach(servoPin);
8    }
```

서보 오브젝트인 myServo에 서보 핀 번호를 연결합니다.

❸ loop() 함수를 살펴봅시다.

```
10   void loop() {
11     myServo.write(0);
12     delay(1000);
13     myServo.write(90);
14     delay(1000);
15     myServo.write(180);
16     delay(1000);
17     myServo.write(90);
18     delay(1000);
19   }
```

11번 줄에서 서보모터를 0도로 이동합니다. 12번 줄에서 1초 동안 기다립니다. 13번 줄에서 서보모터를 90도로 이동합니다. 15번 줄에서는 서보모터를 180도로 이동합니다. 17번 줄에서는 서보모터를 90도로 이동합니다.

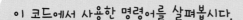
이 코드에서 사용한 명령어를 살펴봅시다.

```
servo.attach(pin);
```
Servo 객체로 선언한 servo에 해당 핀 번호(pin)를 설정합니다.

```
servo.attach(pin, min, max);
```
Servo 객체로 선언한 servo에 해당 핀 번호(pin)으로 설정하고 작동 범위를 최소(min)에서 최대(max) 값으로 설정합니다. 최소와 최대 값은 각도가 아닌 시간 값이며 0도는 554, 180도는 2,400이다.

```
servo.write(angle);
```
서보모터에 해당 각도값(angle)만큼 값을 주어, 회전하도록 합니다. 서보모터 내부에 있는 샤프트가 0부터 180까지의 각도만큼 움직입니다.

🛠 디버깅 체크

제대로 동작하지 않는다면, 회로와 스케치를 확인해 봅시다.

① 회로를 살펴봅시다. 서보모터의 +핀과, −핀 그리고 신호 핀이 아두이노 보드와 제대로 연결되었는지 확인합니다.

② 스케치를 살펴봅시다. 서보 오브젝트와 변수명을 제대로 작성했는지도 확인합니다.

Check? Check!

1 서보모터 1개를 이용하여, 다음 조건에 맞는 회로 및 코드를 만들어 봅시다.

조건

　서보모터가 0도, 45도, 90도, 135도, 180도, 135도, 90도, 45도 순으로 회전합니다.

코드 개선하기

반복문을 이용하여 서보모터가 0도부터 180도까지 천천히 움직이도록 해봅시다. 반복문인 for문을 이용하여, 서보모터의 각도를 0도부터 180도 까지 1도씩 증가시켜고, 다시 180도에서 0도까지 1도씩 감소시킵니다.

스케치 작성하기

1 컴퓨터에 아두이노 보드를 연결하고, 아두이노 소프트웨어에서 보드와 포트를 선택합니다.

2 아래 스케치를 작성합니다.

```
1    #include <Servo.h>
2
3    Servo myServo;
4    int servoPin = 9;
5
6    void setup() {
7      myServo.attach(servoPin);
8    }
9
10   void loop() {
11     for(int angle = 0; angle < 180; angle += 1){
12       myServo.write(angle);
13       delay(10);
14     }
15     for(int angle = 180; angle > 0; angle -= 1){
16       myServo.write(angle);
17       delay(10);
18     }
19   }
```

3 체크(√) 버튼을 눌러 스케치에 오타가 있는지 확인합니다.

4 업로드(→) 버튼을 눌러 컴파일된 파일을 아두이노 보드에 업로드합니다.

5 서보모터가 0도에서 180도로 다시 0도로 천천히 움직이는지 확인합니다.

스케치 살펴보기

❶ loop() 함수를 살펴봅시다.

```
11      for(int angle = 0; angle <= 180; angle += 1){
12        myServo.write(angle);
13        delay(10);
14      }
```

11번 줄에서는 angle 변수에 0을 할당하고, angle 값이 180보다 작거나 같을(<=) 동안, angle 변수에 할당된 값을 1씩 증가하면서 12번과 13번 줄을 실행합니다. 12번에서는 서보모터에 angle 값 만큼 각도를 조절하고 0.01초 동안 기다립니다. angle 값이 180에서 1씩 감소하여 –1이 되면 반복문을 빠져 나와서 15번 줄로 이동합니다.

```
15      for(int angle = 180; angle >= 0; angle -= 1){
16        myServo.write(angle);
17        delay(10);
18      }
```

15번 줄에서는 angle 변수에 180을 할당하고, angle 값이 0보다 크거나 같을(>=) 동안, angle 변수에 할당된 값을 1씩 감소하면서 16번과 17번 줄을 실행합니다. 16번에서는 서보모터에 angle 값 만큼 각도를 조절하고 0.01초 동안 기다립니다. angle 값이 180에서 1씩 감소하여 –1이 되면 반복문을 빠져 나와서 19번 줄로 이동합니다.

 angle++와 angle += 1 은 같은 코드인가요? 다른 코드인가요?

angle++와 angle += 1 은 같은 코드입니다. 두 코드 모두 angle = angle + 1을 줄인 코드입니다. 즉, angle 값을 1씩 증가시키는 역할을 합니다.

푸쉬 버튼으로 서보모터 움직이기

준비물 : ▨ 아두이노 보드×1, ▨ 브레드보드×1, ▨ USB 케이블×1, ▨ 서보모터×1,
▨ 저항(10K옴)×1, ✎ 점퍼선×7, ▨ 푸쉬 버튼×1

푸쉬 버튼을 누르면 서보모터가 동작하는 장치를 만들어 봅시다. 버튼을 누르면 차
단기가 열리고 버튼에서 손을 떼면 다시 차단기가 닫히는 동작을 하는 것처럼 만들
어 봅시다. 회로도를 따라 회로를 구성하고, 아두이노 스케치를 작성하여 동작시켜
봅시다.

완성된 회로도

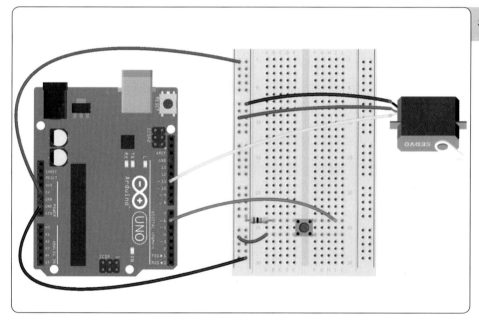

회로 구성하기

1 아두이노 보드의 5V와 GND를 각각 브레드보드의 +와 − 전원선에 연결합니다.

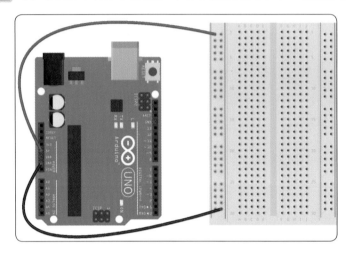

2 브레드보드에 푸쉬 버튼을 연결합니다. 왼쪽 위에 있는 핀은 10K옴 저항을 이용하여 브레드보드의 −선과 연결합니다. 아래와 같이 점퍼선을 이용하여 아두이노 보드의 디지털 6번 핀과 연결합니다. 왼쪽 아래에 있는 핀은 점퍼선을 이용하여 브레드보드의 +선과 연결합니다.

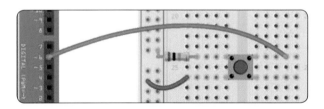

3 아두이노 보드에 서보모터를 연결해 봅시다. 서보모터는 핀을 연결할 수 있는 홈이 3개가 있습니다. 서보모터에는 +와 −선, 신호선이 있습니다. +와 −은 점퍼선을 이용하여 각각 브레드보드의 +선과 −선에 연결합니다. 신호선은 점퍼선을 이용하여 디지털 11번 핀과 연결합니다.

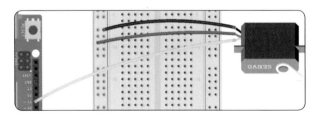

동작 과정 생각하기

1 서보모터를 쉽게 사용할 수 있는 서보모터 라이브러리를 가져옵니다. 그리고 아두이노 보드의 핀 모드를 설정합니다. 우리가 사용할 부품은 디지털 6번에 연결된 푸쉬 버튼과 디지털 11번에 연결된 서보모터입니다. 디지털 6번은 입력 모드가 되어야 하고, 11번은 서보모터 연결 핀으로 설정해야 합니다.

2 버튼을 누르면 서보모터가 동작합니다. 아두이노 보드가 계속해서 버튼이 눌러졌는지를 확인해서, 버튼이 눌러졌다면, 서보모터의 각도를 0부터 180까지 순서대로 동작시키도록 하고, 버튼이 눌러지지 않았다면 서보모터를 멈춰야 합니다. 이 과정을 순서도로 표현하면 다음과 같습니다.

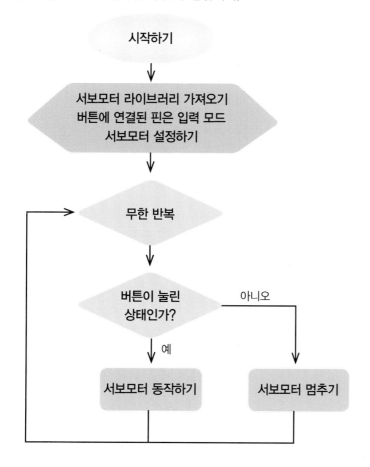

스케치 작성하기

1 컴퓨터에 아두이노 보드를 연결하고, 아두이노 소프트웨어에서 보드와 포트를 선택합니다.

2 아래 스케치를 작성합니다.

```
1   #include <Servo.h>
2
3   Servo myServo;
4   int buttonPin = 6;
5   int servoPin = 11;
6   int angle = 0;
7   int buttonState = 0;
8
9   void setup() {
10    pinMode(buttonPin, INPUT);
11    myServo.attach(servoPin);
12  }
13
14  void loop() {
15    buttonState = digitalRead(buttonPin);
16
17    if(buttonState == HIGH) {
18      for(angle = 0; angle <= 180; angle++){
19        myServo.write(angle);
20        delay(15);
21      }
22    }
23  }
```

3 체크(V) 버튼을 눌러 스케치에 오타가 있는지 확인합니다.

4 업로드(→) 버튼을 눌러 컴파일된 파일을 아두이노 보드에 업로드합니다.

5 푸쉬 버튼을 누르면 서보모터가 동작하는지 확인합니다.

스케치 살펴보기

❶ 라이브러리 선언 부분입니다.

```
1    #include <Servo.h>
```

1번 줄은 서보모터를 쉽게 다룰 수 있는 Servo 라이브러리를 불러옵니다. Servo 라이브러리를 이용하면 서보모터를 쉽게 설정하고 동작시킬 수 있습니다.

❷ 변수 선언 부분입니다.

```
3    Servo myServo;
4    int buttonPin = 6;
5    int servoPin = 11;
6    int angle = 0;
7    int buttonState = 0;
```

3번 줄은 myServo라는 Servo 객체를 선언합니다. 이 다음부터 'myServo.명령어' 형태로 Servo 라이브러리에서 제공하는 명령어를 사용할 수 있습니다. 4번 줄에서는 푸쉬 버튼을 연결한 디지털 핀 번호를 할당합니다. 5번 줄에서는 서보모터의 신호선을 연결한 디지털 11번 핀 번호를 할당합니다. 6번 줄에서는 서보모터 각도 조절에 사용할 변수를 선언합니다. 7번 줄에서는 푸쉬 버튼의 상태를 저장할 변수를 선언합니다.

❸ setup() 함수를 살펴봅시다.

```
9    void setup() {
10     pinMode(buttonPin, INPUT);
11     myServo.attach(servoPin);
12   }
```

10번 줄에서 푸쉬 버튼을 연결한 디지털 핀은 입력 모드로 설정합니다. 11번 줄에서는 서보모터의 신호선을 연결한 디지털 핀 번호를 서보 객체에 연결합니다.

❹ loop() 함수를 살펴봅시다.

```
15     buttonState = digitalRead(buttonPin);
```

푸쉬 버튼의 상태를 읽어와서 buttonState 변수에 할당합니다.

```
17      if(buttonState == HIGH) {
18        for(angle = 0; angle <= 180; angle++){
19          myServo.write(angle);
20          delay(15);
21        }
22      }
```

17번 줄에서 버튼 상태가 눌러진 상태(HIGH)이면 18번 줄부터 20번 줄까지를 실행합니다. 18번 줄에서는 angle 변수를 0부터 180까지 1씩 증가시키면서 서보모터의 각도를 angle 변수에 있는 값으로 움직입니다. 그리고 잠깐 동안 동작을 지연시켜서 서보모터의 동작을 눈으로 확인하기 쉽도록 해줍니다.

🛠 **디버깅 체크**

버튼을 눌러도 서보모터가 제대로 동작하지 않는다면, 회로와 스케치를 확인해 봅시다.

① 회로를 살펴봅시다. 서보모터는 +, −, 신호선으로 구분되어 있으므로 각각 정확하게 연결해야 합니다. 푸쉬 버튼의 연결 상태도 확인해 봅니다.

② 스케치를 살펴봅시다. 변수명이 제대로 사용되었는지, 조건문과 반복문의 조건식이 제대로 작성되었는지를 확인합니다. 푸쉬 버튼의 상태를 제대로 인식하는지 시리얼 모니터를 이용하여 값을 확인합니다.

Check? Check!

1 푸쉬 버튼 1개와 서보모터 1개를 이용하여, 다음 조건에 맞는 회로 및 코드를 만들어 봅시다.

조건

1) 푸쉬 버튼을 누르면 서보모터가 동작합니다.
2) 푸쉬 버튼을 누르지 않았다가 다시 누르면, 서보모터는 이전에 멈추었던 각도에서 이어서 동작합니다.

Hint

서보모터의 이전 각도 값(preAngle)을 저장하여, 버튼을 누를 때 마다 angle 값이 0이 아니라 이전 각도 값에서 시작하도록 합니다.

기울기 센서로 서보모터 움직이기

준비물 : 아두이노 보드×1, 브레드보드×1, USB 케이블×1, 서보모터×1, 저항(10K옴)×1, 점퍼선×7, 기울기 센서×1

기울기 센서를 이용하여 서보모터를 동작시켜 봅시다. 회로도를 따라 회로를 구성하고, 아두이노 스케치를 작성하여 동작시켜 봅시다.

완성된 회로도

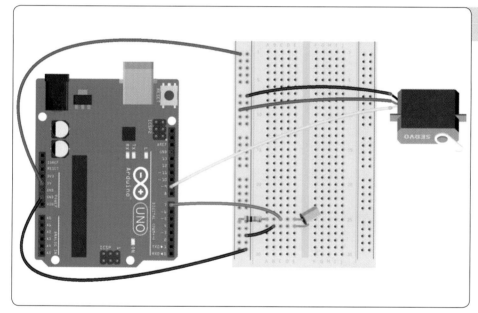

회로 구성하기

1 아두이노 보드의 5V와 GND를 각각 브레드보드의 +와 − 전원선과 연결합니다.

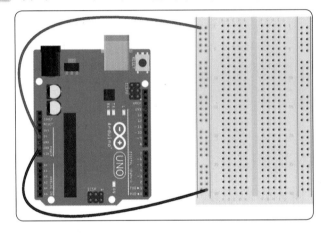

2 브레드보드에 기울기 센서를 연결합니다. 위쪽 핀은 10k옴 저항을 이용하여 브레드보드의 +선과 연결합니다. 그 사이에 파란색 점퍼선을 이용하여 아두이노 보드의 디지털 7번 핀과 연결합니다. 아래쪽 핀은 검은색 점퍼선을 이용하여 브레드보드의 −선과 연결합니다.

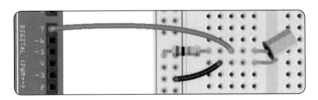

3 아두이노 보드에 서보모터를 연결해 봅시다. 서보모터는 핀을 연결할 수 있는 홈이 3개 있습니다. 서보모터에는 +와 −선, 신호선이 있습니다. +와 − 에는 점퍼선을 이용하여 각각 브레드보드의 +선과 −선에 연결합니다. 신호선에는 점퍼선을 이용하여 디지털 9번 핀에 연결합니다.

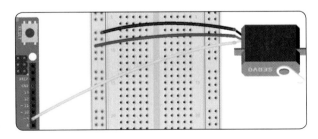

동작 과정 생각하기

1 서보모터를 쉽게 사용할 수 있는 서보모터 라이브러리를 가져옵니다. 그리고 아두이노 보드의 핀 모드를 설정합니다. 우리가 사용할 부품은 디지털 7번 핀에 연결된 기울기 센서와 디지털 9번 핀에 연결된 서보모터입니다. 즉, 7번 핀은 입력 모드가 되어야 하고, 9번 핀은 서보모터로 설정해야 합니다.

2 브레드보드가 기울어지면 서보모터가 동작해야 합니다. 아두이노 보드가 기울어졌는지를 확인해서 만약 기울어 졌다면, 서보모터의 샤프트를 오른쪽으로, 기울어지지 않았다면 왼쪽으로 움직이게 합니다.

이 과정을 순서도로 표현하면 다음과 같습니다.

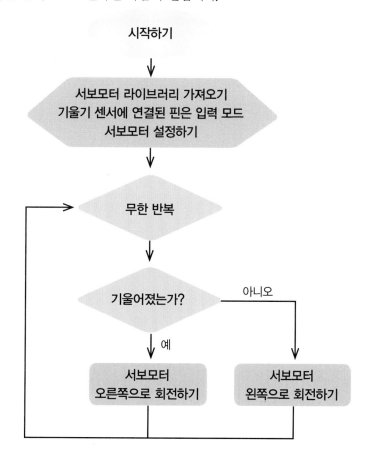

스케치 작성하기

1 컴퓨터에 아두이노 보드를 연결하고, 아두이노 소프트웨어에서 보드와 포트를 선택합니다.

2 아래 스케치를 작성합니다.

```
1   #include <Servo.h>
2
3   Servo myServo;
4   int tiltPin = 7;
5   int servoPin = 9;
6   int tiltState = 0;
7
8   void setup() {
9     pinMode(tiltPin, INPUT);
10    myServo.attach(servoPin);
11  }
12
13  void loop() {
14    tiltState = digitalRead(tiltPin);
15
16    if(tiltState == HIGH) {
17      myServo.write(45);
18    } else {
19      myServo.write(135);
20    }
21  }
```

3 체크(∨) 버튼을 눌러 스케치에 오타가 있는지 확인합니다.

4 업로드(→) 버튼을 눌러 컴파일된 파일을 아두이노 보드에 업로드합니다.

5 기울기 센서를 기울여서 서보모터가 왼쪽 또는 오른쪽으로 회전하는지 확인합니다.

스케치 살펴보기

❶ 라이브러리 선언 부분입니다.

```
1    #include <Servo.h>
```

1번 줄은 서보모터를 쉽게 다룰 수 있는 Servo 라이브러리를 불러옵니다. Servo 라이브러리를 이용하면 서보모터를 쉽게 설정하고 동작시킬 수 있습니다.

❷ 변수 선언 부분입니다.

```
3    Servo myServo;
4    int tiltPin = 7;
5    int servoPin = 9;
6    int tiltState = 0;
```

3번 줄은 myServo라는 Servo 객체를 선언합니다. 4번 줄에서는 기울기 센서를 연결한 디지털 핀 번호를 할당합니다. 5번 줄에서는 서보모터의 신호선을 연결한 디지털 핀 번호를 할당합니다. 6번 줄에서는 기울기 센서의 상태를 저장할 변수를 선언합니다.

❸ setup( ) 함수를 살펴봅시다.

```
8    void setup() {
9      pinMode(tiltPin, INPUT);
10     myServo.attach(servoPin);
11   }
```

9번 줄에서 기울기 센서를 연결한 디지털 핀은 입력 모드로 설정합니다. 10번 줄에서는 서보모터의 신호선을 연결한 디지털 핀 번호를 서보 객체에 연결합니다.

❹ loop( ) 함수를 살펴봅시다.

```
14   tiltState = digitalRead(tiltPin);
```

기울기 센서가 측정한 값을 읽어와서 titlState 변수에 할당합니다.

```
16    if(tiltState == HIGH) {
17      myServo.write(45);
18    } else {
19      myServo.write(135);
20    }
```

16번 줄에서 기울어졌다면, 17번 줄에서 서보모터를 45도로 움직입니다. 반대로 기울어지지 않았다면 19번 줄에서 서보모터를 135도로 움직입니다.

디버깅 체크

기울기 센서를 기울여도 서보모터가 동작하지 않는다면, 회로와 스케치를 확인해 봅시다.

① 회로를 살펴봅시다. 서보모터는 +핀과 −핀, 그리고 신호 핀이 있습니다. 기울기 센서의 연결 상태도 확인해 봅니다.

② 스케치를 살펴봅시다. 먼저, 코드에 오타가 있는지 살펴봅니다. 기울기 센서의 상태가 제대로 인식되는지 시리얼 모니터를 통해 변수 값을 확인해 봅니다.

Check? Check!

1 기울기 센서 1개와 서보모터 1개를 이용하여, 다음 조건에 맞는 회로 및 코드를 만들어 봅시다.

조건

  1) 기울어지지 않으면 서보모터는 90도로 움직입니다.
  2) 기울어지면 서보모터가 0부터 180도 사이를 반복해서 움직입니다.

Hint

  for(int i=0;i<180;i++){...}의 반복문을 사용합니다.

조도 센서로 서보모터 움직이기

준비물 : 아두이노 보드×1, 브레드보드×1, USB 케이블×1, 서보모터×1,
저항(10K옴)×1, 점퍼선×7, 조도 센서×1

조도 센서를 이용하여 주변의 밝기에 따라 서보모터가 움직이는 예제를 만들어 봅시다. 회로도를 따라 회로를 구성하고, 아두이노 스케치를 작성하여 동작시켜 봅시다.

완성된 회로도

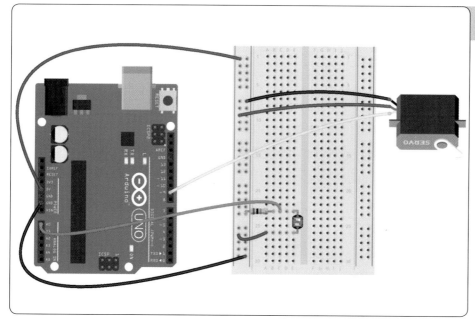

회로 구성하기

1 아두이노 보드의 5V와 GND를 각각 브레드보드의 +와 − 전원선에 연결합니다.

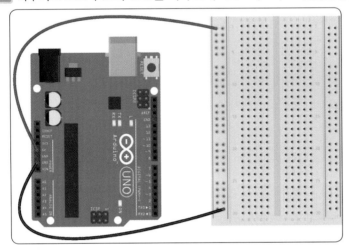

2 조도 센서 핀은 2개입니다. 조도 센서 핀은 극성이 구분되지 않습니다. 브레드보드에 조도 센서를 연결합니다. 위쪽 핀은 10K옴 저항을 이용하여 브레드보드의 −선과 연결합니다. 그 사이에 점퍼선을 이용하여 아두이노 보드의 아날로그 0번 핀에 연결합니다. 아래쪽 핀은 점퍼선을 이용하여 브레드보드의 +선과 연결합니다.

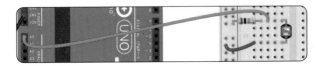

3 아두이노 보드에 서보모터를 연결해 봅시다. 서보모터는 핀을 연결할 수 있는 홈이 3개 있습니다. 서보모터에는 +와 − 입력선이 있습니다. +와 − 에는 점퍼선을 이용하여 각각 브레드보드의 +선과 −선에 연결합니다. 입력선에는 점퍼선을 이용하여 디지털 9번 핀에 연결합니다.

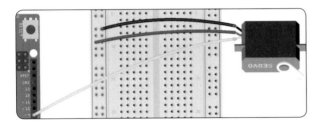

동작 과정 생각하기

1 아두이노 보드의 핀 모드를 설정합니다. 서보모터가 연결된 디지털 9번을 출력
모드로 설정합니다.

2 조도 센서로 측정한 빛의 양을 서보모터의 각도로 정의합니다. 주변이 밝아질수
록 서보모터가 180도로 이동하도록 합니다. 조도 센서는 0부터 1023까지 값을
측정할 수 있습니다. 이 값을 잘 나눠서 서보모터가 움직일 수 있는 0부터 180까
지의 값으로 변환합니다. 이 과정을 순서도로 표현하면 다음과 같습니다.

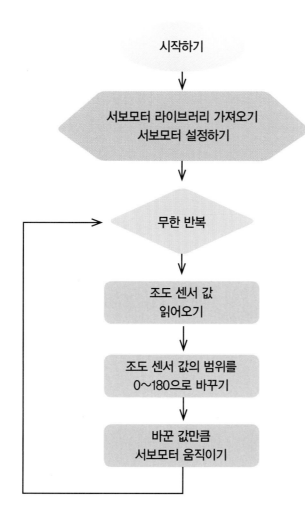

시작하기

서보모터 라이브러리 가져오기
서보모터 설정하기

무한 반복

조도 센서 값
읽어오기

조도 센서 값의 범위를
0~180으로 바꾸기

바꾼 값만큼
서보모터 움직이기

스케치 작성하기

1 컴퓨터에 아두이노 보드를 연결하고, 아두이노 소프트웨어에서 보드와 포트를 선택합니다.

2 아래 스케치를 작성합니다.

```
1   #include <Servo.h>
2
3   Servo myServo;
4   int servoPin = 9;
5   int cdsPin = 0;
6   int cdsValue = 0;
7   int angle = 0;
8
9   void setup() {
10    myServo.attach(servoPin);
11  }
12
13  void loop() {
14    cdsValue = analogRead(cdsPin);
15    angle = map(cdsValue, 0, 1023, 0, 180);
16    myServo.write(angle);
17    delay(100);
18  }
```

3 체크(V) 버튼을 눌러 스케치에 오타가 있는지 확인합니다.

4 업로드(→) 버튼을 눌러 컴파일된 파일을 아두이노 보드에 업로드합니다.

5 조도 센서 주변의 밝기를 조절하여 서보모터가 동작하는지를 확인합니다.

스케치 살펴보기

❶ 라이브러리 선언 부분입니다.

```
1    #include <Servo.h>
```

1번 줄은 서보모터를 쉽게 다룰 수 있는 Servo 라이브러리를 불러옵니다. Servo 라이브러리를 이용하면 서보모터를 쉽게 설정하고 동작시킬 수 있습니다.

❷ 변수 선언 부분입니다.

```
3    Servo myServo;
4    int servoPin = 9;
5    int cdsPin = 0;
6    int cdsValue = 0;
7    int angle = 0;
```

3번 줄은 myServo라는 Servo 객체를 선언합니다. 4번 줄에서는 서보모터의 신호선을 연결한 디지털 핀 번호를 할당합니다. 5번 줄에서는 조도 센서를 연결하는 아날로그 핀 번호를 할당합니다. 6번 줄에서는 조도 센서가 감지할 값을 저장할 변수를 선언합니다. 7번 줄에서는 서보모터가 동작할 각도 값을 할당하는 변수를 선언합니다.

❸ setup() 함수를 살펴봅시다.

```
9    void setup() {
10     myServo.attach(servoPin);
11   }
```

10번 줄에서 서보모터의 신호선을 연결한 디지털 핀 번호를 서보 객체에 연결합니다

❹ loop() 함수를 살펴봅시다.

```
14     cdsValue = analogRead(cdsPin);
15     angle = map(cdsValue, 0, 1023, 0, 180);
16     myServo.write(angle);
17     delay(100);
```

14번 줄에서 조도 센서가 측정한 값을 cdsValue 변수에 저장합니다. 15번 줄에서 map( ) 함수를 사용하여 값의 범위를 변경합니다. 조도 센서가 측정할 수 있는 값의 범위인 0부터 1023을 서보모터가 동작하는 각도인 0부터 180까지의 범위로 변환합니다. 16번 줄에서 변환된 각도만큼 서보모터를 동작시킵니다.

이 코드에서 사용한 명령어를 살펴봅시다.

```
map(value, fromLow, fromHigh, toLow, toHigh);
```

map( ) 함수는 입력 받는 값의 범위를 변환해 줍니다. 값에는 map함수에 의해 변환될 입력 값을 작성합니다. 그리고 해당 입력 값의 최솟값(fromLow)과 최댓값(fromHigh)을 순서대로 입력합니다. 그 다음에는 변환할 최솟값(toLow)과 최댓값(toHigh)을 입력합니다. 그러면 입력된 값을 바뀔 범위에 비례하여 변환합니다.

예를 들어, 0부터 1023 사이의 값을 갖는 입력 값을 0부터 255 사이의 값으로 변환하기 위해서 다음과 같이 코드를 작성합니다.

```
map(val, 0, 1023, 0, 255);
```

🛠 디버깅 체크

제대로 서보모터가 동작되지 않는다면, 회로와 스케치를 확인해 봅시다.

① 회로를 살펴봅시다. 조도 센서와 서보모터 핀이 각각 제대로 연결되었는지 확인합니다.

② 스케치를 살펴봅시다. 먼저, 프로그램 코드에 오타가 있는지도 살펴봐야 합니다. 조도 센서가 측정한 값이 제대로 인식되는지, 변환한 각도 값이 제대로 출력되는지를 시리얼 모니터를 통해 확인해 봅니다.

Check? Check!

1 조도 센서 1개와 서보모터 1개를 이용하여 다음 조건에 맞는 회로 및 코드를 만들어 봅시다.

조건

1) 조도 센서가 측정한 값이 200 이하면 서보모터를 0도로 움직입니다.
2) 조도 센서가 측정한 값이 900 이상이면 서보모터를 180도로 움직입니다.

가변 저항으로 서보모터 움직이기

준비물 : 아두이노 보드×1, 브레드보드×1, USB 케이블×1,
서보모터×1, 점퍼선×8, 가변 저항×1

가변 저항을 이용하여 저항 값에 따라 움직이는 각도가 달라지는 서보모터를 만들어 봅시다. 회로도를 따라 회로를 구성하고, 아두이노 스케치를 작성하여 동작시켜 봅시다.

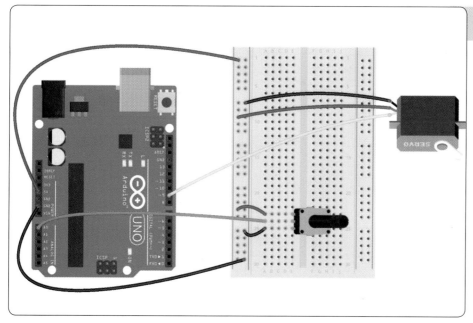

완성된 회로도

회로 구성하기

1 아두이노 보드의 5V와 GND를 각각 브레드보드의 +와 − 전원선에 연결합니다.

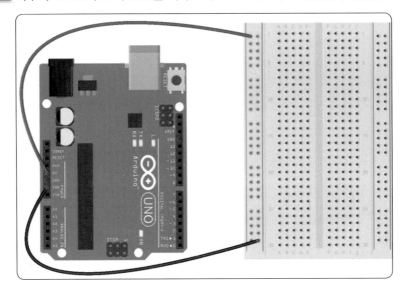

2 가변 저항 핀은 3개입니다. 브레드보드에 가변 저항을 연결합니다. 점퍼선을 이용하여 위쪽 핀은 전원 영역의 +선에, 아래쪽 핀은 −선에 연결합니다. 가운데 핀은 점퍼선을 이용하여 아날로그 0번 핀과 연결합니다.

3 아두이노 보드에 서보모터를 연결해 봅시다. 서보모터의 +선과 −선은 브레드보드의 전원영역 +선과 −선에 점퍼선을 사용하여 연결합니다. 신호선은 디지털 9번 핀과 연결합니다. 디지털 9번 핀은 PWM 기능을 제공하며, 이 기능을 이용하여 0부터 180까지의 서보모터 각도 값을 출력할 수 있습니다.

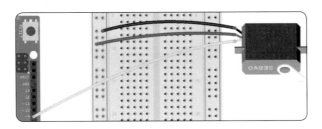

동작 과정 생각하기

1 아두이노 보드의 핀 모드를 설정합니다. 서보모터는 디지털 9번 핀에 연결되었습니다. 그러므로 디지털 9번을 출력 모드로 설정합니다.

2 가변 저항이 출력하는 저항 값을 서보모터의 각도로 정의합니다. 가변 저항을 이용하여 서보모터를 직접 제어할 수 있습니다. 가변 저항의 값 범위는 0부터 1023까지이며 서보모터의 각도 값 범위는 0부터 180입니다. 값 범위를 변환하여 사용합니다. 이 과정을 순서도로 표현하면 다음과 같습니다.

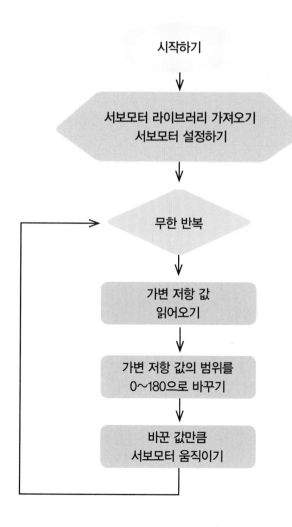

시작하기

서보모터 라이브러리 가져오기
서보모터 설정하기

무한 반복

가변 저항 값
읽어오기

가변 저항 값의 범위를
0~180으로 바꾸기

바꾼 값만큼
서보모터 움직이기

스케치 작성하기

1 컴퓨터에 아두이노 보드를 연결하고, 아두이노 소프트웨어에서 보드와 포트를 선택합니다.

2 아래 스케치를 작성합니다.

```
1    #include <Servo.h>
2
3    Servo myServo;
4    int servoPin = 9;
5    int potPin = 0;
6    int potValue = 0;
7    float angle = 0.0;
8
9    void setup() {
10     myServo.attach(servoPin);
11   }
12
13   void loop() {
14     potValue = analogRead(potPin);
15     angle = potValue / 5.7;
16     myServo.write(angle);
17     delay(100);
18   }
```

3 체크(V) 버튼을 눌러 스케치에 오타가 있는지 확인합니다.

4 업로드(→) 버튼을 눌러 컴파일된 파일을 아두이노 보드에 업로드합니다.

5 가변 저항을 조작하여 서보모터가 움직이는지 확인합니다.

스케치 살펴보기

❶ 라이브러리 선언 부분입니다.

```
1    #include <Servo.h>
```

1번 줄은 서보모터를 쉽게 다룰 수 있는 Servo 라이브러리를 불러옵니다. Servo 라이브러리를 이용하면 서보모터를 쉽게 설정하고 동작시킬 수 있습니다.

❷ 변수 선언 부분입니다.

```
3    Servo myServo;
4    int servoPin = 9;
5    int potPin = 0;
6    int potValue = 0;
7    float angle = 0.0;
```

3번 줄은 myServo라는 Servo 객체를 선언합니다. 4번 줄에서는 서보모터의 신호선을 연결한 디지털 핀 번호를 할당합니다. 5번 줄에서는 가변 저항을 연결하는 아날로그 핀 번호를 할당합니다. 6번 줄에서는 가변 저항의 저항 값을 저장할 변수를 선언합니다. 7번 줄에서는 서보모터의 각도 값을 할당하는 변수를 선언합니다.

❸ setup() 함수를 살펴봅시다.

```
9    void setup() {
10     myServo.attach(servoPin);
11   }
```

10번 줄에서 서보모터의 신호선을 연결한 디지털 핀 번호를 서보 객체에 연결합니다

❹ loop() 함수를 살펴봅시다.

```
14     potValue = analogRead(potPin);
15     angle = potValue / 5.7;
16     myServo.write(angle);
```

14번 줄에서 가변 저항의 저항 크기를 읽어와서 potValue 변수에 할당합니다. 15번 줄에서는 앞에서 선언한 실수형 변수인 angle에 가변 저항이 출력한 값을 5.7로 나눈 값을 저장합니다. 이러면 가변 저항의 값 범위인 0~1023의 값을 가변 저항의 각도 값 범위인 0~180으로 대략 나눌 수 있습니다. map( ) 함수를 사용하여 값 범위를 구분할 수도 있지만, 간단한 수식 계산으로 유사한 값을 계산해서 사용할 수도 있습니다.

🛠 **디버깅 체크**

가변 저항을 움직여도 서보모터가 동작되지 않는다면, 회로와 스케치를 확인해 봅시다.

① 회로를 살펴봅시다. 가변 저항과 서보모터 핀이 각각 제대로 연결되었는지 확인합니다.

② 스케치를 살펴봅시다. 먼저, 프로그램 코드에 오타가 있는지도 살펴봐야 합니다. 가변 저항이 출력하는 값이 제대로 인식되는지, 변환한 각도 값이 제대로 출력되는지를 시리얼 모니터를 통해 확인해 봅니다.

 Check? Check!

■ 가변 저항 1개와 서보모터 1개를 이용하여 다음 조건에 맞는 회로 및 코드를 만들어 봅시다.

조건

1) 서보모터는 0도부터 180도까지 다시 180에서 0도로 일정한 속도로 움직입니다.
2) 가변 저항을 움직여서 서보모터가 움직이는 속도를 느리거나 빠르게 조절합니다.

Hint

서보모터가 반복적으로 움직일 때, delay( ) 의 값을 가변 저항의 값으로 변환하여 사용합니다.

온도 센서로 서보모터 움직이기

준비물 : 🔲 아두이노 보드×1, ▭ 브레드보드×1, 🔌 USB 케이블×1,
⬛ 서보모터×1, ✂ 점퍼선×8, 🔲 온도 센서×1

온도 센서를 이용하여 측정한 값이 일정 온도 이상이면 서보모터를 작동시키고, 온
도가 일정 온도 이하로 떨어지면 서보모터를 멈추도록 만들어 봅시다. 회로도를 따라
회로를 구성하고, 아두이노 스케치를 작성하여 동작시켜 봅시다.

완성된 회로도

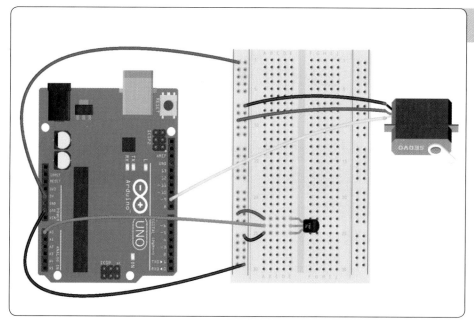

회로 구성하기

1 아두이노 보드에서 5V와 GND를 브레드보드의 +와 − 전원선에 연결합니다.

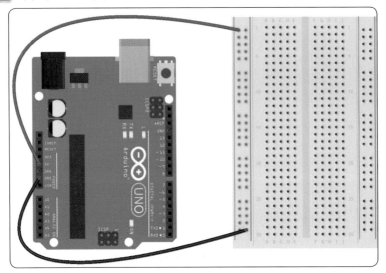

2 아두이노 보드에 온도 센서를 연결해 봅시다. 가변 저항 핀은 3개입니다. 위쪽은 +선에, 아래쪽은 −선에 연결합니다. 가운데 신호선은 아날로그 0번 핀에 연결합니다.

3 아두이노 보드에 서보모터를 연결해 봅시다. 서보모터의 +선과 −선은 브레드보드의 +선과 −선에 점퍼선으로 연결합니다. 신호선은 디지털 9번 핀에 연결합니다. 디지털 9번 핀은 PWM 기능을 제공하며, 이 기능을 이용하여 0부터 180까지의 서보모터 각도 값을 출력할 수 있습니다.

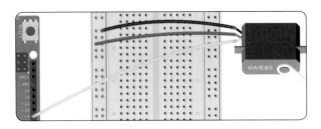

동작 과정 생각하기

1 아두이노 보드의 핀 모드를 설정합니다. 서보모터를 연결하는 디지털 9번 핀은 출력 모드로 설정합니다.

2 주변이 일정 온도 이상으로 올라가면 서보모터를 0도로 회전하고, 일정 온도 이하로 떨어지면 180도로 회전시킵니다.

이 과정을 순서도로 표현하면 다음과 같습니다.

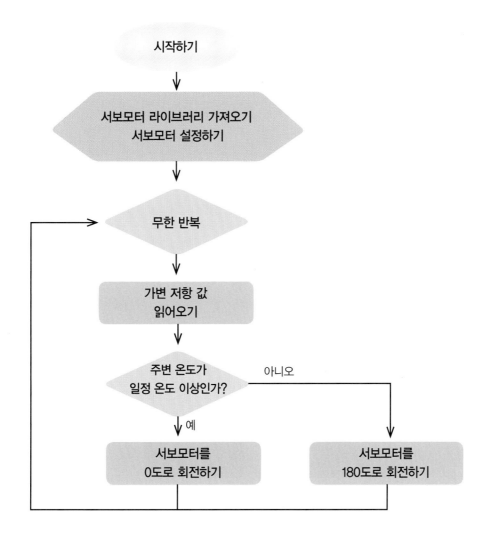

스케치 작성하기

1 컴퓨터에 아두이노 보드를 연결하고, 아두이노 소프트웨어에서 보드와 포트를 선택합니다.

2 아래 스케치를 작성합니다.

```
1    #include<Servo.h>
2
3    Servo myServo;
4    int servoPin = 9;
5    int tempPin = 0;
6    int tempValue = 0;
7    float voltage = 0.0;
8    float celsiusTemp = 0.0;
9
10   void setup() {
11     myServo.attach(servoPin);
12   }
13
14   void loop() {
15     tempValue = analogRead(tempPin);
16     voltage = tempValue * 5000.0 / 1024.0;
17     celsiusTemp = (voltage - 500.0) / 10.0;
18
19     if(celsiusTemp > 25){
20       myServo.write(135);
21     } else {
22       myServo.write(45);
23     }
24
25     delay(1000);
26   }
```

3 체크(V) 버튼을 눌러 스케치에 오타가 있는지 확인합니다.

4 업로드(→) 버튼을 눌러 컴파일된 파일을 아두이노 보드에 업로드합니다.

5 가변 저항을 조작하여 서보모터가 움직이는지 확인합니다.

스케치 살펴보기

❶ 라이브러리 선언 부분입니다.

```
1    #include <Servo.h>
```

1번 줄은 서보모터를 쉽게 다룰 수 있는 Servo 라이브러리를 불러옵니다. Servo 라이브러리를 이용하면 서보모터를 쉽게 설정하고 동작시킬 수 있습니다.

❷ 변수 선언 부분입니다.

```
3    Servo myServo;
4    int servoPin = 9;
5    int tempPin = 0;
6    int tempValue = 0;
7    float voltage = 0.0;
8    float celsiusTemp = 0.0;
```

3번 줄은 myServo라는 Servo 객체를 선언합니다. 4번 줄에서는 서보모터의 신호선을 연결한 디지털 핀 번호를 할당합니다. 5번 줄에서는 온도 센서를 연결하는 아날로그 핀 번호를 할당합니다. 6번 줄에서는 온도 센서가 측정한 값을 할당할 변수를 선언합니다. 7번과 8번 줄에서는 온도 센서가 측정한 값을 섭씨온도로 변환하는데 사용할 변수를 선언합니다.

❸ setup() 함수를 살펴봅시다.

```
10    void setup() {
11      myServo.attach(servoPin);
12    }
```

11번 줄에서 서보모터의 신호선을 연결한 디지털 핀 번호를 서보 객체에 연결합니다

❹ loop() 함수를 살펴봅시다.

```
15      tempValue = analogRead(tempPin);
16      voltage = tempValue * 5000.0 / 1024.0;
```

```
17      celsiusTemp = (voltage - 500.0) / 10.0;
```

온도 센서가 측정한 값을 섭씨온도로 변환하여 celsiusTemp 변수에 할당합니다.

```
19      if(celsiusTemp > 25){
20        myServo.write(0);
21      } else {
22        myServo.write(180);
23      }
```

19번 줄에서 섭씨온도가 25보다 크면 20번 줄에 있는 서보모터를 0도로 회전시킵니다. 섭씨온도가 25보다 작거나 같으면 22번 줄에 있는 서보모터를 180도로 회전시킵니다.

🛠 디버깅 체크

온도가 변해도 서보모터가 동작되지 않는다면, 다음 사항을 확인해 봅시다.

① 회로를 살펴봅시다. 온도 센서와 서보모터 핀이 각각 제대로 연결되었는지 확인합니다.

② 실제 주변 온도가 25도 사이로 변하지 않는다면 25도 이외에 다른 값을 기준 값으로 사용합니다. 이를 확인하기 위해서 온도 센서가 측정하는 값이 제대로 인식되는지 시리얼 모니터를 통해 확인해 봅니다.

 Check? Check!

1 온도 센서 1개와 서보모터 1개를 이용하여, 다음 조건에 맞는 회로 및 코드를 만들어 봅시다.

조건

주변 온도를 측정하여 3개의 범위로 구분합니다. 각 범위에 따라 서보모터가 동작하도록 코드를 수정해 봅시다.

> 섭씨온도가 18도 이하면 서보모터를 0도로 움직입니다.
> 섭씨온도가 19도에서 25도 사이면 서보모터를 90도로 움직입니다.
> 섭씨온도가 25도 이상이면 서보모터를 180도로 움직입니다.

Python Coding

파이썬으로 서보모터를 제어하는 코드를 작성해 봅시다. 회로도를 따라 회로를 구성하고, 아두이노 스케치를 작성하여 동작시켜 봅시다.

준비물 : 아두이노 보드×1, 브레드보드×1, USB 케이블×1, 서보모터×1, 점퍼선×3,

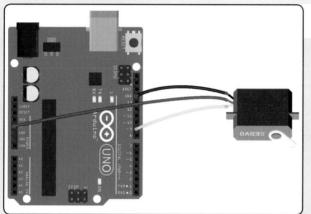

완성된 회로도

컴퓨터에 아두이노 보드를 연결한 뒤, 파이썬 IDE를 실행하여 다음 코드를 작성해 봅시다.

```python
1   from Arduino import Arduino
2   import time
3
4   servoPin = 9
5
6   board = Arduino("9600", port="COM3")
7   board.Servos.attach(servoPin)
8
9   while True:
10      board.Servos.write(servoPin, 0)
11      time.sleep(1)
12      board.Servos.write(servoPin, 90)
13      time.sleep(1)
```

Python Coding

```
14        board.Servos.write(servoPin, 180)
15        time.sleep(1)
16        board.Servos.write(servoPin, 90)
17        time.sleep(1)
```

코드를 자세히 살펴봅시다. 먼저 설정 부분입니다.

```
1    from Arduino import Arduino
2    import time
3
4    servoPin = 9
5
6    board = Arduino("9600", port="COM3")
7    board.Servos.attach(servoPin)
```

1~2번 줄은 코드에서 사용할 라이브러리를 불러옵니다. 4번 줄은 서보모터에 연결할 핀 번호인 9를 servoPin 변수에 할당합니다. 6번 줄은 아두이노 보드의 통신 속도와 포트를 설정합니다. 7번 줄은 9번 핀의 서보모터 인스턴스를 생성합니다.

다음은 반복 동작하는 부분입니다.

```
9    while True:
10        board.Servos.write(servoPin, 0)
11        time.sleep(1)
12        board.Servos.write(servoPin, 90)
13        time.sleep(1)
14        board.Servos.write(servoPin, 180)
15        time.sleep(1)
16        board.Servos.write(servoPin, 90)
17        time.sleep(1)
```

10번 줄에서는 서보모터의 각도를 0으로 움직이고, 11번 줄에서 1초 기다립니다. 그 다음 줄부터 순서대로 서보모터의 각도를 90도, 180도, 90도로 1초 간격으로 동작시킵니다.

파이썬에서 서보모터를 제어하는데 사용할 수 있는 명령어입니다.

```
Arduino.Servos.attach(pin, min=544, max=2400)
```
서보모터 인스턴스를 생성합니다. 최대 8개의 서보를 동작시킬 수 있습니다.

```
Arduino.Servos.read(pin)
```
특정 서보모터의 각도 값을 읽어옵니다.

```
Arduino.Servos.write(pin, angle)
```
특정 서보모터의 각도를 anlge 값으로 이동합니다.

```
Arduino.Servos.detach(pin)
```
특정 서보모터에 연결된 핀을 반환합니다.

 Check? Check!

1 서보모터 1개를 이용하여, 다음 조건에 맞는 회로 및 코드를 만들어 봅시다.

조건

　서보모터는 0도에서 180도 사이를 일정한 간격으로 움직입니다.

2 조도 센서 1개와 서보모터 1개를 이용하여 다음 조건에 맞는 회로 및 코드를 만들어 봅시다.

조건

　1) 조도 센서가 측정한 값이 200 이하면 서보모터를 0도로 움직입니다.
　2) 조도 센서가 측정한 값이 900 이상이면 서보모터를 180도로 움직입니다.

servoPin = 9 cdsPin = 0

아두이노와 피지컬 컴퓨팅 with 파이썬

2018년 12월 10일 초판 1쇄 인쇄
2018년 12월 20일 초판 1쇄 발행

책을 만든 사람들
집필 ㅣ 이원규 김자미 장윤재
기획 ㅣ 정보산업부
진행 ㅣ 신지윤
표지 및 본문 디자인 ㅣ 안유경

펴낸곳 ㅣ (주)교학사
펴낸이 ㅣ 양진오
주소 ㅣ (공장) 서울특별시 금천구 가산디지털1로 42(가산동)
         (사무소) 서울특별시 마포구 마포대로14길 4(공덕동)
전화 ㅣ 02-707-5312(편집), 02-839-2505(주문)
문의 ㅣ itkyohak@naver.com
팩스 ㅣ 02-707-5316(편집), 02-839-2728(영업)
등록 ㅣ 1962년 6월 26일 〈18-7〉

교학사 홈페이지 ㅣ http://www.kyohak.co.kr